I0798879

Maravillas

MI LIBRO DE LECTURA Y ESCRITURA

Mc Graw Hill

COVER: Nathan Love, Erwin Madrid.

mheducation.com/prek-12

Send all inquiries to:
McGraw-Hill Education
Two Penn Plaza
New York, New York 10121

ISBN: 978-0-07-702831-2
MHID: 0-07-702831-7

Printed in the United States of America.

7 8 9 LON 27 26 25

C

¡Bienvenidos a Maravillas!

Lee textos apasionantes de **Literatura**, **Ciencias** y **Estudios Sociales**.

- ★ **APRENDE** del mundo que te rodea.
- ★ **PIENSA**, **HABLA** y **ESCRIBE** de géneros literarios.
- ★ **COLABORA** en charlas e investigaciones.
- ★ **¡EXPRÉSATE!**

my.mheducation.com

Con tus datos de acceso podrás leer textos, practicar gramática y ortografía, explorar proyectos de investigación y mucho más.

(t) azaharphotography/iStock/Getty Images; (cl)Michael Svoboda/the Agency Collection/Getty Images; (cr) Don Paulson Photography/Purestock/SuperStock; (bl) ziggy_mars/Shutterstock.com; (bc) VaLiza/Shutterstock.com; (br) vipman/Shutterstock.com

UNIDAD 1

GÉNERO 1 TEXTO EXPOSITIVO

CIENCIAS

Pregunta esencial 1
LECTURA COMPARTIDA "Un mundo de cambios" 2
Vocabulario / Palabras con significados múltiples 6
Volver a leer 8
Diagramas y encabezados 9
Comparar y contrastar 10
ESCRITURA Responder a la lectura 12
Búsqueda e investigación 13
TEXTO PRINCIPAL Analizar *Los terremotos* 14
ESCRITURA Responder a la lectura 17
LECTURA COMPLEMENTARIA Analizar "Enfrentar la tormenta" 18
Técnica del autor: propósito del autor 21
Hacer conexiones / Búsqueda e investigación 22
ESCRITURA Narrativa personal 24

GÉNERO 2 FICCIÓN REALISTA

ESTUDIOS SOCIALES

Pregunta esencial 32
LECTURA COMPARTIDA "El juguete de Juan" 34
Vocabulario / Modismos 38
Hacer predicciones 40
Diálogo 41
Problema y solución 42
ESCRITURA Responder a la lectura 44
Búsqueda e investigación 45
TEXTO PRINCIPAL Analizar *¿A quién le toca?* 46
ESCRITURA Responder a la lectura 49
LECTURA COMPLEMENTARIA Analizar "Denuncia el acoso escolar" 50
Técnica del autor: hecho y opinión 53
Hacer conexiones / Búsqueda e investigación 54

GÉNERO 3 TEXTO ARGUMENTATIVO

Pregunta esencial 56

LECTURA COMPARTIDA TIME FOR KIDS "Dólares con significado" 58

Vocabulario / Sufijos 62

Volver a leer 64

Gráficas y encabezados 65

Idea principal y detalles clave 66

ESCRITURA Responder a la lectura 68

Búsqueda e investigación 69

TEXTO PRINCIPAL Analizar *Niños emprendedores* 70

ESCRITURA Responder a la lectura 72

LECTURA COMPLEMENTARIA Analizar "Cómo empezar un negocio exitoso" 73

Técnica del autor: instructivo 75

Hacer conexiones / Fraseo y ritmo 76

ESCRITURA Ensayo de opinión 78

CONCLUSIÓN DE LA UNIDAD

LO QUE APRENDISTE

- Texto expositivo: "Accidentes geográficos formados por la meteorización y la erosión" 86
- Ficción realista: "Ventas, ganancias, ahorros y regalos" 89

AMPLÍA LO QUE APRENDISTE

- Problema y solución 92
- Palabras homófonas 93
- Conectar con el contenido 95

EVALÚA TU PROGRESO

- ¿Qué aprendí? 96

Búsqueda e investigación 97

Recursos digitales Consulta este libro electrónico y otros recursos en **my.mheducation.com**

Kwaku Alston/Stockland Martel

UNIDAD 2

GÉNERO 1 TEXTO EXPOSITIVO

CIENCIAS

Pregunta esencial 98

LECTURA COMPARTIDA "Cómo se adaptan los animales" 100

Vocabulario / Prefijos 104

Resumir 106

Fotos, leyendas y encabezados 107

Idea principal y detalles clave 108

ESCRITURA Responder a la lectura 110

Búsqueda e investigación 111

TEXTO PRINCIPAL Analizar *Arañas* 112

ESCRITURA Responder a la lectura 115

LECTURA COMPLEMENTARIA Analizar "Anansi y los pájaros" 116

Técnica del autor: personaje 119

Hacer conexiones / Búsqueda e investigación 120

ESCRITURA Ensayo de comparar y contrastar 122

GÉNERO 2 DRAMA

Pregunta esencial 130

LECTURA COMPARTIDA "La zorra y el cuervo" 132

Vocabulario / Antónimos 136

Hacer y responder preguntas 138

Acotaciones, diálogos y escenas 139

Tema 140

ESCRITURA Responder a la lectura 142

Búsqueda e investigación 143

TEXTO PRINCIPAL Analizar *Palabra de urraca* 144

ESCRITURA Responder a la lectura 147

LECTURA COMPLEMENTARIA Analizar "Pecos Bill y el monstruo del lago Bear" 148

Técnica del autor: hipérbole 151

Hacer conexiones / Búsqueda e investigación 152

(t)Ingram Publishing/SuperStock; (b)Diego Agudelo

GÉNERO 3 POESÍA

Pregunta esencial 154

LECTURA COMPARTIDA "Mediodía", "El ave y el nido", "Versos sencillos", "La marimba" 156

Vocabulario / Símiles y metáforas 160

Métrica y rima 162

Poesía lírica y décima 163

Punto de vista 164

ESCRITURA Responder a la lectura 166

Búsqueda e investigación 167

TEXTO PRINCIPAL Analizar "El canto de la cigarra", "El ave marina", "Barrilete" 168

ESCRITURA Responder a la lectura 170

LECTURA COMPLEMENTARIA Analizar "Mi caballo cerrero", "Receta para dormir" 171

Técnica del autor: imaginería y asonancia 173

Hacer conexiones / Expresividad y fraseo 174

ESCRITURA Poema lírico 176

CONCLUSIÓN DE LA UNIDAD

ESTUDIOS SOCIALES · CIENCIAS

LO QUE APRENDISTE

- Texto expositivo: "El armadillo de nueve bandas" 184
- Drama: "Una hora en otro horario" 187

AMPLÍA LO QUE APRENDISTE

- Prefijos y sufijos 190
- Lenguaje figurado 191
- Conectar con el contenido 193

EVALÚA TU PROGRESO

- ¿Qué aprendí? 194

Búsqueda e investigación 195

Recursos digitales Consulta este libro electrónico y otros recursos en **my.mheducation.com**

Coméntalo

Pregunta esencial

¿Cómo reacciona la gente a los desastres naturales?

COLABORA

Los huracanes, los terremotos, las inundaciones y los incendios forestales son desastres naturales. Cuando este tipo de sucesos ocurren, pueden causar una crisis enorme en una comunidad. Por suerte, hay personas capacitadas para responder a los desastres naturales.

Mira la foto. Comenta con un compañero lo que podrías hacer para ayudar después de un desastre natural. En la red de palabras, escribe posibles reacciones de las personas ante desastres naturales.

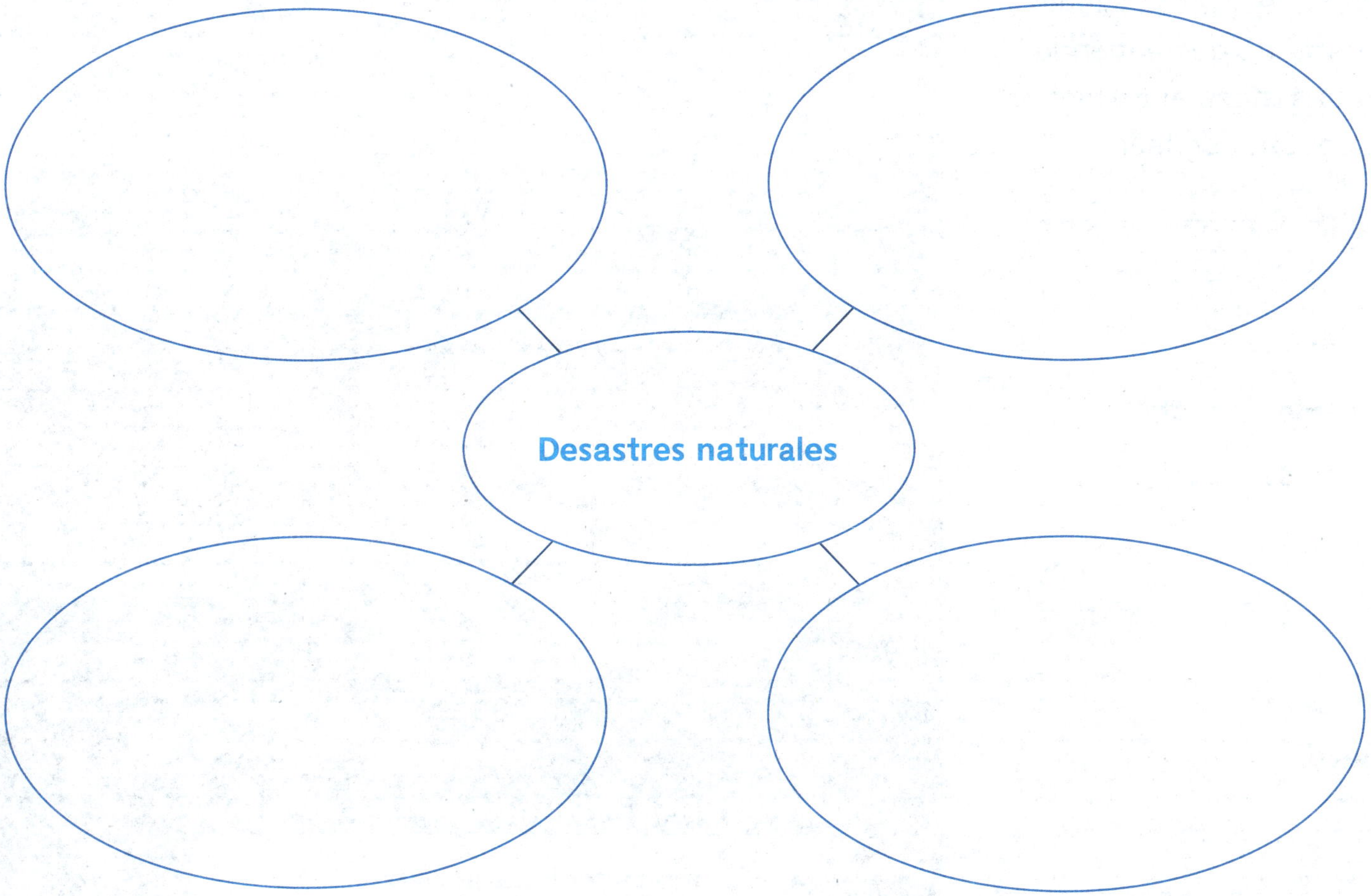

Ve a **my.mheducation.com** y lee el *Blast* "Expertos en desastres". ¿Cuál crees que es la principal característica de un rescatista? Luego, comenta tus respuestas al *Blast*.

LECTURA COMPARTIDA

TOMA NOTAS

Entender por qué estás leyendo te ayuda a determinar una estrategia de lectura. Por ejemplo, si estás leyendo para obtener información, puedes volver a leer las secciones para asegurarte de que entiendes el texto. Da un vistazo al texto y escribe tu propósito de leer.

____

____

____

A medida que lees, anota:

Palabras interesantes: __________

____

____

____

Detalles clave: ______________

____

____

____

____

Un mundo de CAMBIOS

Mirador Skywalk del Gran Cañón, Arizona

Pregunta esencial

¿Cómo reacciona la gente a los desastres naturales?

Lee cómo se preparan las personas para los desastres naturales.

La Tierra puede parecer una enorme roca que nunca cambia. En realidad, nuestro planeta está en constante cambio. Todos los días ocurren cambios naturales que **alteran** la superficie terrestre. Algunos de estos cambios suceden lentamente a lo largo de muchos años. Otros, en cuestión de minutos. Pero ya sean lentos o rápidos, los dos tipos de cambios tienen un gran impacto en nuestro planeta.

Lentos y constantes

Algunos de los cambios más grandes de la Tierra no se pueden ver porque suceden muy lentamente. La meteorización, la erosión y la deposición son tres procesos naturales que cambian la superficie terreste poco a poco.

La meteorización ocurre cuando la lluvia, la nieve, el sol y el viento rompen las rocas en pedazos más pequeños. Estos pedazos de roca diminutos se convierten en tierra, y permanecen en los accidentes geográficos.

La erosión ocurre cuando una fuerza natural, como un río, se lleva los fragmentos de roca desgastados. Esto hace que los accidentes geográficos de la Tierra se vuelvan más pequeños. Incluso, con el tiempo, es probable que **colapsen** por completo. El Gran Cañón es un ejemplo del efecto de la erosión. El río Colorado lo desgastó en el transcurso de miles de años.

Después del proceso de erosión, la tierra y las rocas son depositadas en un nuevo lugar. Este proceso se llama deposición. Con el tiempo, se puede dar una gran acumulación de depósitos en un lugar. La deposición producida por el agua forma una playa. La deposición por el viento crea un accidente geográfico **considerable**, como una duna.

TEXTO EXPOSITIVO

BUSCAR EVIDENCIAS

Leer

Párrafo 1

Comparar y contrastar

Subraya las palabras con las que se explica en qué se diferencian algunos cambios naturales de otros.

Párrafos 2–5

Volver a leer

Encierra en un círculo los tres procesos naturales que cambian lentamente la superficie terrestre.

Encierra en un cuadrado las palabras con las que se explica cómo se formó el Gran Cañón. ¿Qué pasa con la tierra y las rocas después del proceso de erosión? Escribe tu respuesta aquí.

____

____

Releer

Técnica del autor

¿Cómo te muestra el autor las causas y efectos de los procesos naturales?

LECTURA COMPARTIDA

BUSCAR EVIDENCIAS

Leer

Párrafos 1–3

Comparar y contrastar

Subraya las tres maneras en que las personas tratan de evitar la erosión en las playas. Escríbelas abajo.

1 ______________________

2 ______________________

3 ______________________

Párrafos 4–5

Volver a leer

Encierra en un cuadrado por qué las erupciones volcánicas y los derrumbes son desastres naturales. **Encierra en un círculo** la frase que explica cómo se mueve el magma.

¿Qué puede suceder si una erupción ocurre sin previo aviso?

____

Releer

Técnica del autor

¿Cómo organiza el autor la información con los encabezados?

Aunque la erosión es un proceso lento, causa problemas a la gente. Algunos tipos de erosión son peligrosos y se consideran un **riesgo** para las comunidades.

Para protegerse de la erosión marina, la gente construye estructuras que impiden que las olas del mar lleguen a la costa. También pueden usar rocas pesadas para evitar que la tierra se erosione. Otras personas siembran plantas en la orilla, pues las raíces ayudan a sostener el suelo y reducen las probabilidades de que se erosione.

Por desgracia, las personas no pueden proteger la tierra cuando ocurren procesos naturales rápidos.

Rápidos y poderosos

Los procesos naturales rápidos, al igual que los lentos, cambian la superficie terrestre. Pero son mucho más poderosos. Suelen llamarse desastres naturales debido a la **destrucción** que producen. Las erupciones volcánicas y los derrumbes son solo dos ejemplos.

Los volcanes se forman alrededor de las aberturas de la corteza terrestre. Cuando aumenta la presión, se empuja hacia arriba roca caliente fundida, llamada magma. Sube por el volcán y es expulsado por la abertura. Las erupciones pueden ocurrir sin previo aviso. Pueden causar una **crisis** en una comunidad.

Al igual que las erupciones volcánicas, los derrumbes pueden suceder sin previo aviso. Ocurren cuando las rocas y la tierra, aflojadas por las fuertes lluvias, se deslizan por una colina o montaña. Algunos derrumbes son pequeños, pero otros pueden ser muy grandes y causar daños **graves**.

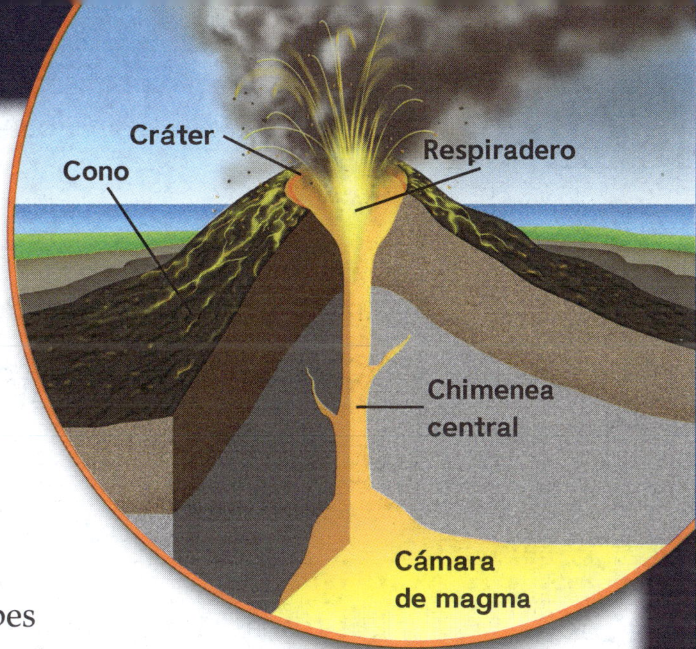

Prepárate

A diferencia de los procesos lentos, las personas no pueden evitar los efectos de los desastres naturales rápidos. En cambio, los científicos tratan de predecir cuándo ocurrirán estos sucesos, de manera que puedan advertir a las personas. Aun así, algunos desastres son **impredecibles**; pueden suceder sin previo aviso. Es importante que las comunidades implementen un plan de emergencia para que puedan evacuar rápidamente.

La superficie terrestre cambia de manera constante por los procesos naturales. Estos procesos pueden ser graduales o rápidos. ¡Ayudan a que la Tierra sea el asombroso planeta que es!

Resumir

Resume "Un mundo de cambios" a partir de tus notas, el diagrama y las imágenes. Compara los procesos naturales lentos con los rápidos.

BUSCAR EVIDENCIAS

Leer

Párrafos 1-3

Palabras con significados múltiples

En la tercera oración del párrafo 2, se utiliza la palabra *aviso*. **Subraya** las claves de contexto que te ayudan a descifrar su significado. ¿Qué otro significado tiene la palabra *aviso*?

____

____

Diagramas

Mira el diagrama. ¿Cómo viaja el magma a través del volcán? Escribe tu respuesta abajo.

____

____

____

Releer

Técnica del autor

¿Cuál es el propósito del autor en la sección "Prepárate"?

Vocabulario

A partir de las oraciones que se dan como ejemplo, comenta con un compañero lo que significa cada palabra. Luego, responde las preguntas.

alterar

Las olas del océano **alteran** lentamente la costa porque desgastan las rocas.

¿Cómo pueden las personas alterar su apariencia?

____

____

colapsar

La inundación hizo que el puente **colapsara**.

¿Qué puede hacer que una carpa colapse?

____

____

considerable

Anoche cayó una **considerable** cantidad de nieve.

¿Cuál es un sinónimo de *considerable*?

____

____

crisis

Los rescatistas ayudan a las personas durante una emergencia o **crisis**, como una inundación.

¿Cómo reaccionarías frente a una crisis?

____

____

destrucción

Un tornado pasó por la región y causó gran **destrucción**.

¿Cuál es un sinónimo de *destrucción*?

____

____

Tu lista de palabras Elige una de las palabras interesantes que anotaste en la página 2 y busca su significado. Luego, trabaja con un compañero para hacer una red de palabras con sinónimos, antónimos y palabras relacionadas. Usa un diccionario de sinónimos como ayuda.

grave

El huracán causó daños **graves** a las edificaciones.

¿Qué daños graves podría causar un terremoto?

____

____

impredecible

El tiempo **impredecible** pasó de repente de soleado a lluvioso.

¿Cuál es un antónimo de *impredecible*?

____

____

riesgo

La lluvia era un **riesgo** para las personas que conducían.

¿Qué otra cosa podría ser un riesgo para las personas que conducen?

____

____

Palabras con significados múltiples

Algunas palabras pueden tener más de un significado. Para conocer el significado de una palabra con significados múltiples, lee las palabras y frases que están cerca de ella. Te servirán como claves.

BUSCAR EVIDENCIAS

La palabra planta *tiene más de un significado. Esta es una palabra con significados múltiples. La palabra* siembran *y la frase "las raíces ayudan a sostener el suelo" me sirven para saber que el significado de la palabra* planta *en esta oración es "vegetal".*

Otras personas siembran plantas en la orilla, pues las raíces ayudan a sostener el suelo.

Denis Jr. Tangney/Vetta/Getty Images

Tu turno Determina los significados de estas palabras de "Un mundo de cambios" a partir de las claves de contexto .

accidente, página 3, párrafo 3 ______________________________

____

evacuar, página 5, párrafo 2 ______________________________

____

Volver a leer

Cuando lees un texto informativo, puedes encontrar datos e ideas nuevos para ti. Mientras lees "Un mundo de cambios", vuelve a leer las secciones difíciles para recordar detalles clave y asegurarte de que las entiendes.

BUSCAR EVIDENCIAS

Es posible que no estés seguro de la razón por la que un volcán hace erupción. Vuelve a leer la sección "Rápidos y poderosos" de "Un mundo de cambios" en la página 4.

Página 4

Los volcanes se forman alrededor de las aberturas de la corteza terrestre. Cuando aumenta la presión, se empuja hacia arriba roca caliente fundida, llamada magma. Sube por el volcán y es expulsado por la abertura. Las erupciones pueden ocurrir sin previo aviso. Pueden causar una **crisis** en una comunidad.

Cuando la presión se acumula, se empuja el magma hacia arriba. De esto entiendo que esta presión hace que el volcán erupcione.

COLABORA

Tu turno ¿Qué les ocurre a las rocas durante la meteorización? Para saberlo, vuelve a leer la sección "Lentos y constantes" de la página 3. A medida que lees, recuerda usar la estrategia Volver a leer.

Acuérdate

Si lees algo que no entiendes, detente y escríbelo en una nota adhesiva. Lee el texto nuevamente y busca claves de contexto. Esto puede ayudarte a entender mejor. Completa estas oraciones.

- *No sé si...*
- *Volví a leer que...*
- *Ahora sé que...*

De lectores a escritores

Un texto expositivo informa sobre un tema. Las lecciones de historia, los libros de ciencias y las biografías son ejemplos de textos expositivos. El autor presenta una idea principal y la sustenta con datos y evidencias. Esta información te ayuda a hacer inferencias, o concluir algo con base en las evidencias.

Diagramas y encabezados

La selección "Un mundo de cambios" es un texto expositivo. En un texto expositivo se presentan datos, ejemplos y explicaciones acerca de un tema. También puede incluir elementos del texto para organizar la información, como diagramas, encabezados o tablas.

BUSCAR EVIDENCIAS

"Un mundo de cambios" es un texto expositivo. Incluye muchos datos de los procesos de la Tierra. Cada sección tiene un encabezado que indica de qué trata. En el diagrama encuentro más información del tema.

De lectores a escritores

Los escritores utilizan diagramas con imágenes y rótulos para explicar más detalles del tema. Utilizan encabezados para organizar la información en secciones. ¿Cómo puedes usar estos elementos del texto?

Página 5

Al igual que las erupciones volcánicas, los derrumbes pueden suceder sin previo aviso. Ocurren cuando las rocas y la tierra, aflojadas por las fuertes lluvias, se deslizan por una colina o montaña. Algunos derrumbes son pequeños, pero otros pueden ser muy grandes y causar daños **graves.**

Cráter
Cono
Respiradero
Chimenea central
Cámara de magma

Prepárate

A diferencia de los procesos lentos, las personas no pueden evitar los efectos de los desastres naturales rápidos. En cambio, los científicos tratan de predecir cuándo ocurrirán estos sucesos, de manera que puedan advertir a las personas. Aun así, algunos desastres son **impredecibles;** pueden suceder sin previo aviso. Es importante que las comunidades implementen un plan de emergencia para que puedan evacuar rápidamente.

La superficie terrestre cambia de manera constante por los procesos naturales. Estos procesos pueden ser graduales o rápidos. ¡Ayudan a que la Tierra sea el asombroso planeta que es!

Resumir

Resume "Un mundo de cambios" a partir de tus notas, el diagrama y las imágenes. Compara los procesos naturales lentos con los rápidos.

Diagramas

Los diagramas sirven para mostrar las partes de algo o el funcionamiento de un proceso. Tienen rótulos que se utilizan con el fin de explicar sus diferentes partes.

Encabezados

Los encabezados sirven para indicar de qué se trata una sección del texto.

COLABORA

Tu turno Escribe tres elementos del texto "Un mundo de cambios". Cuéntale a tu compañero qué aprendiste de cada elemento.

____

____

____

____

____

Comparar y contrastar

Los autores utilizan la estructura del texto para organizar la información. La comparación es un tipo de estructura que sirve para explicar en qué se parecen y en qué se diferencian las cosas.

BUSCAR EVIDENCIAS

Si regreso a las páginas 3-4 de "Un mundo de cambios", puedo volver a leer y aprender en qué se parecen y en qué se diferencian los procesos naturales lentos y los rápidos. Palabras como algunos, pero, los dos *y* al igual *me permiten reconocer una comparación.*

Acuérdate

Al comparar una cosa con otra, mira en qué se parecen. Al contrastar una cosa con otra, mira en qué se diferencian. Estas palabras se utilizan para comparar: *similar, ambos, parecido, igual.* Estas palabras se utilizan para contrastar: *diferente, pero, al contrario.*

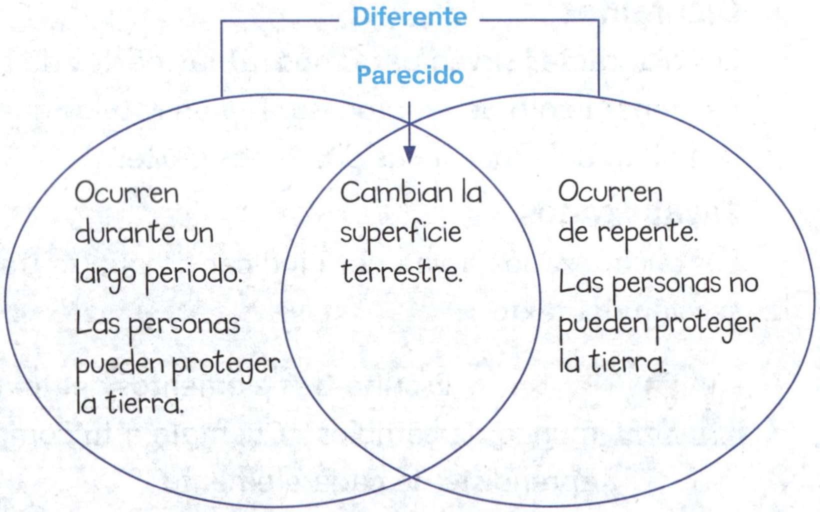

COLABORA

Tu turno Vuelve a leer la sección "Rápidos y poderosos" de la página 4. Compara y contrasta las erupciones volcánicas con los derrumbes. Escribe la información en el organizador gráfico.

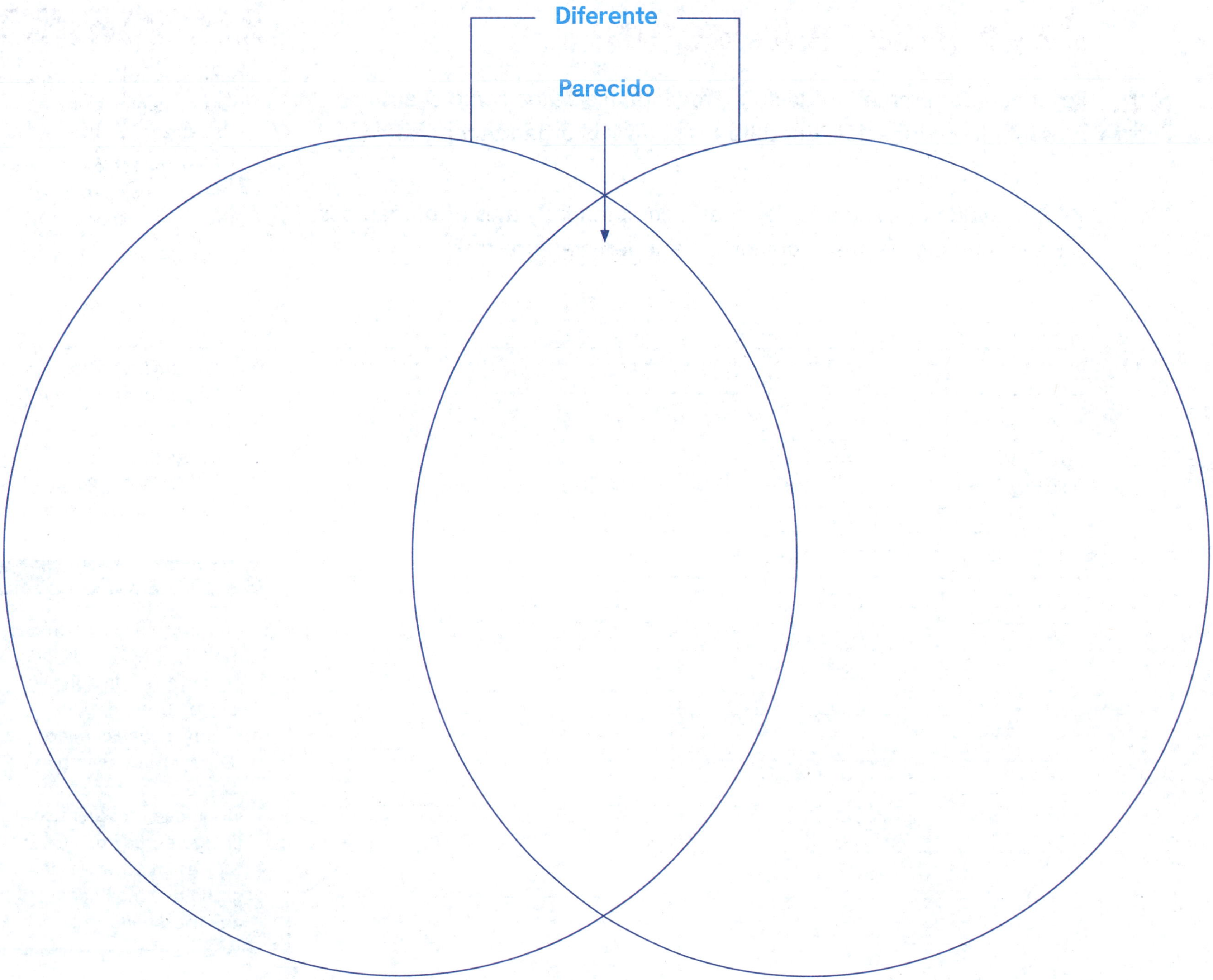
Diferente
Parecido

Releer

LECTURA COMPARTIDA

Responder a la lectura

COLABORA

Responde por escrito la siguiente pregunta. Piensa en cómo el autor presenta la información. Consulta tus notas y el organizador gráfico.

¿Cómo ayuda el autor a los lectores a comprender y a estar preparados para los cambios lentos y rápidos de la superficie terrestre?

Acuérdate

Completa estas oraciones para comentar el texto y organizar tus ideas.

- *Los cambios lentos de la superficie terrestre ocurren cuando...*
- *Los cambios rápidos de la superficie terrestre ocurren cuando...*
- *Para reaccionar a los cambios lentos, las personas pueden...*
- *Para reaccionar a los cambios rápidos, las personas pueden...*

Enlace gramatical

Un adverbio nos permite dar información adicional de un verbo, un adjetivo u otro adverbio, por ejemplo: *Juan caminó despacio.* Los adverbios de grado indican intensidad, por ejemplo: *El lago es muy bonito. Muy* es un adverbio de grado que modifica el adjetivo *bonito.*

Integrar | BÚSQUEDA E INVESTIGACIÓN

CIENCIAS

Instrucciones

Las **instrucciones** son los pasos para hacer algo. Lee todos los pasos antes de comenzar una tarea. Luego, reúne los materiales que necesitas. Sigue los pasos en orden. Con un compañero, lean en voz alta y sigan las instrucciones de abajo para hacer un experimento de erosión eólica.

Ken Karp/McGraw-Hill Education

¿Qué necesitas?

- gafas de seguridad
- 1 o 2 tazas de arena
- 1 bandeja rectangular de aluminio
- 1 popote
- marcadores y papel

Instrucciones

1. Ponte las gafas de seguridad.
2. Pon arena en la bandeja.
3. Esparce la arena para cubrir el fondo de la bandeja.
4. Sopla ligeramente con el popote la parte donde hay más arena.
5. Observa y dibuja lo que sucede.

Predice qué pasará cuando soples en la arena. Escribe tu predicción abajo.

____

____

____

____

COLABORA

Escribe las instrucciones Investiga sobre la erosión con un compañero. Busca otro experimento para explicar cómo funciona la erosión. Luego, escribe las instrucciones. Asegúrate de:

- indicar todos los materiales que se necesitan;
- enumerar los pasos en orden;
- probar el experimento para cerciorarte de que funciona.

Repítele las instrucciones a tu compañero para asegurarte de no haber omitido ningún paso. Agrega fotos y otros materiales gráficos a las instrucciones. Cuando termines, presenta tu trabajo a la clase.

Releer | TEXTO PRINCIPAL

Los terremotos

Antología de literatura, páginas 10-19

¿Cómo utiliza el autor la foto para ayudarte a comprender cómo es presenciar un terremoto?

COLABORA

Coméntalo Vuelve a leer la página 11 de la **Antología de literatura** y mira la foto. Comenta con un compañero lo que ves en la foto.

Cita evidencias ¿Cómo te ayuda la foto a entender el texto? Con evidencias del texto, explica cómo te ayudan las fotos a entender mejor el texto.

Evidencias de la foto	Evidencias del texto

Escribe El autor emplea fotos para ayudarme a entender los terremotos porque ____________________
____
____

Sintetizar información

Al sintetizar información, sacas conclusiones a partir de tus conocimientos y lo que aprendiste en el texto. Piensa en lo que sabes de los cambios de la superficie terrestre durante los procesos naturales lentos y rápidos. ¿Cómo cambian la superficie terrestre los terremotos y la meteorización?

¿Qué diferencias hay entre el testimonio de la doctora Cifuentes y el resto de la selección?

COLABORA

Coméntalo Vuelve a leer la página 13 de la **Antología de literatura.** Comenta cómo describe la doctora Cifuentes su experiencia.

Cita evidencias ¿Cómo describe la doctora Cifuentes qué ocurre durante y después de un terremoto? Escribe las evidencias en la tabla.

Descripción	Lo que aprendí

Escribe El relato de la doctora Cifuentes me permite comprender ______

____

____

Acuérdate

Cuando vas incluir un testimonio de primera mano, puedes completar estas oraciones.

- *Algunas palabras de la Dra. Cifuentes son...*
- *Esta descripción me ayuda a visualizar...*

Hacer inferencias

Una inferencia es una conclusión basada en datos de un texto. Cuando vuelves a leer el texto, puedes reunir cuidadosamente evidencias que te sirvan para hacer inferencias. Luego, puedes recordar y explicar ideas importantes y detalles de la selección. Mira el mapa de la página 12 de la **Antología de literatura.** ¿Qué inferencia puedes hacer de las zonas donde ocurren la mayoría de los terremotos?

Releer | TEXTO PRINCIPAL

¿Por qué es apropiado el encabezado "El terror del tsunami" para esta sección?

COLABORA

Coméntalo Vuelve a leer "El terror del tsunami" en las páginas 16-17 de la **Antología de literatura.** Comenta con un compañero las palabras que utiliza el autor para describir un tsunami.

Cita la evidencia ¿Qué palabras y oraciones te permiten saber que "El terror del tsunami" es un encabezado apropiado para esta sección? Escribe tu respuesta en la red de palabras.

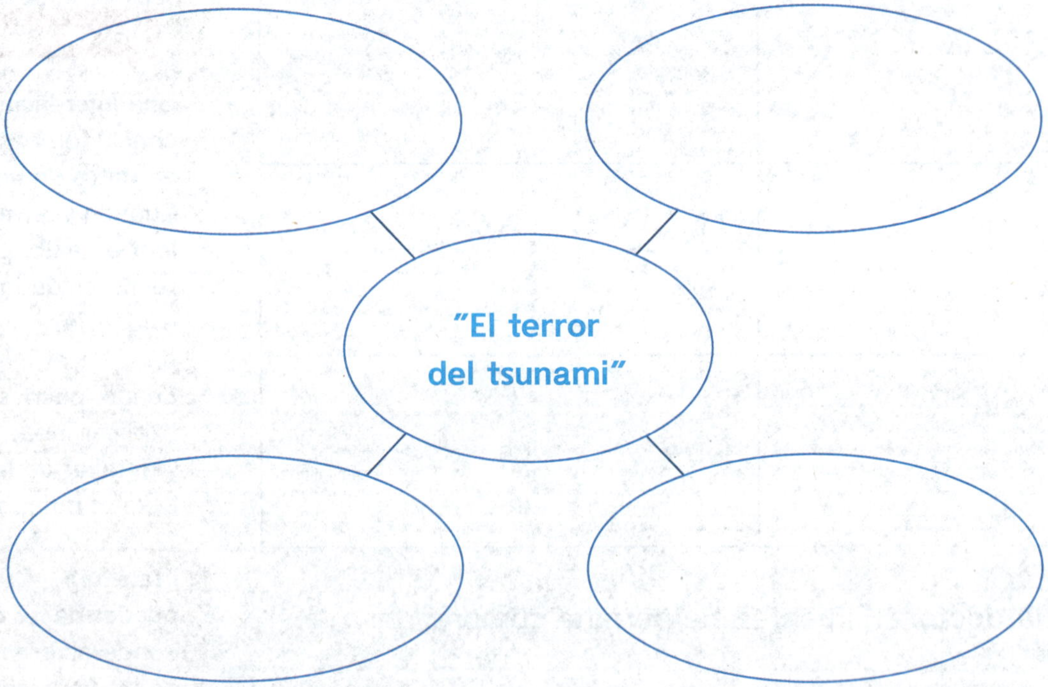

Escribe "El terror del tsunami" es un encabezado apropiado porque

____

____

Acuérdate

Cuando vuelves a leer, puedes anotar las palabras y frases descriptivas que incluye el autor. Esto te permitirá entender mejor cómo son los tsunamis.

Responder a la lectura

COLABORA

Responde por escrito la siguiente pregunta. Al responder, ten en cuenta tus conocimientos sobre los terremotos. Consulta tus notas y el organizador gráfico.

¿De qué modo facilita el autor con las características del texto que el lector comprenda el efecto que tienen los terremotos en las comunidades?

Acuérdate

Completa estas oraciones para organizar las evidencias del texto.

- *El autor utiliza fotos para...*
- *También emplea otros recursos como...*
- *Así puedo comprender cómo los terremotos...*

Mis lecturas

Elige un texto y anota en tu cuaderno de escritura el título, el autor y el género del libro. Asegúrate de incluir en tu cuaderno de escritura tu respuesta personal al texto. Haz preguntas antes y después de leer para comprender mejor el texto. ¿Qué puedes aprender del tema? ¿Qué más quisieras saber?

Releer | LECTURA COMPLEMENTARIA

Enfrentar la tormenta

Antología de literatura, páginas 22–23

1 Me desperté a las 5:00 a. m. entre truenos y rayos. Toda la mañana llovió a cántaros. Cancelaron todos los programas. No habría cabalgata ni escalada de árboles. Algunas de las tropas partieron ese día temiendo inundaciones.

2 Después del almuerzo, caminé hacia un puente que cruzaba el río. Miré el campo que tenía que atravesar y, ¡vi otro río! Veinticuatro horas antes, ese campo estaba seco. La carretera también estaba sumergida. Una cosa era segura: nadie podría salir pronto de nuestra "isla".

3 Esa noche, una tropa de *brownies* se mudó a nuestra cabaña. La de ellas se inundó por la chimenea. Advirtieron que habría tornado esa noche. Todas dormimos amontonadas en el baño para evitar riesgos.

Vuelve a leer el párrafo 2. **Encierra en un cuadrado** la oración con la que el autor expresa que una gran cantidad de lluvia cayó en corto tiempo.

Encierra en un círculo la razón que da el autor para explicar por qué nadie podría salir pronto de la isla. Escribe la respuesta abajo.

____

____

____

____

Comenta con un compañero lo importante que es que las personas se ayuden unas a otras cuando ocurre un desastre natural. **Subraya** claves del párrafo 3 que indiquen cómo se ayudaron las personas unas a otras.

4 Nos levantamos un poco adoloridas y cansadas, pero todas estábamos bien. ¡No se podía decir lo mismo de la carretera! El nivel del agua estaba más alto que antes. Dudamos en llamar al servicio de emergencias porque ellos estaban atendiendo emergencias reales. Teníamos suficiente comida, agua y juegos de mesa. No estábamos en crisis.

5 Algunas tropas locales partieron ese día por la "salida de emergencia", una carretera sin pavimentar muy lodosa. Pero nosotras no podíamos partir. La carretera principal estaba inundada y era probable que las aguas crecidas hubieran destruido el puente. Era imposible que el auto diminuto de mi madre pasara por la lodosa carretera de emergencia. No podíamos ir a pie. Aceptamos la idea de quedarnos otra noche.

La carretera principal estaba inundada.

Vuelve a leer el párrafo 4. **Subraya** dos razones por las cuales las niñas exploradoras no llamaron al servicio de emergencias. Escríbelas abajo con tus palabras.

1 ______________________________

____

2 ______________________________

____

COLABORA

Mira la foto y lee la leyenda. Comenta por qué puede ser difícil para las personas salir de inmediato de una zona de inundación. **Encierra en un círculo** las oraciones del párrafo 5 con las que la narradora explica por qué ella y las demás se quedaron otra noche.

Releer

LECTURA COMPLEMENTARIA

¿Cómo ordena el autor los sucesos para ayudarte a entender qué ocurre en una inundación?

COLABORA

Coméntalo Vuelve a leer el fragmento de la página 18. Comenta con un compañero lo que sucede en el campamento.

Cita evidencias ¿Cómo te ayuda el autor a visualizar qué es una inundación y cuáles pueden ser sus consecuencias? Escribe las evidencias del texto en el organizador gráfico.

Al principio

Después

Entonces

Al final

Escribe Entiendo qué es una inundación porque el autor ______________________

____

____

Acuérdate

Al volver a leer, busca palabras con las que el autor expresa lo que ve, oye y siente. Utiliza estos detalles sensoriales para imaginar lo que está sucediendo. De esta manera entenderás mejor cómo reacciona el narrador a la inundación.

Kenneth Cummings/The Jackson Sun/AP Images

Propósito del autor

El **propósito de un autor** es su razón principal para escribir un texto, esta puede ser informar, entretener o persuadir. Los autores suelen usar lenguaje literal (palabras que significan exactamente lo mismo que se quiere decir) cuando su propósito es informar. Pueden usar lenguaje figurado (como la hipérbole, el símil o la metáfora) cuando su propósito es entretener o persuadir. Un autor puede escribir desde un punto de vista en primera persona para que los lectores imaginen lo que está relatando.

BUSCAR EVIDENCIAS

En la página 18 de "Enfrentar la tormenta", la autora presenta información de la inundación y de su reacción ante esta. Informa y al mismo tiempo entretiene al agregarle humor a su narrativa personal.

> Después del almuerzo, caminé hacia un puente que cruzaba el río. Miré el campo que tenía que atravesar y, ¡vi otro río! Veinticuatro horas antes, ese campo estaba seco. La carretera también estaba sumergida. Una cosa era segura: nadie podría salir pronto de nuestra "isla".

COLABORA

Tu turno Vuelve a leer el párrafo 2 de la página 18. ¿Cuál es el propósito del autor al escribir la última oración? ______________________

____

____

De lectores a escritores

Antes de escribir, decide si lo vas a hacer para informar, entretener o persuadir. En una narrativa personal puedes escribir acerca de un tema serio y, aun así, incluir experiencias entretenidas. Al escribir, incluye tanto lenguaje literal, como figurado.

gramatiNOTAS

Los homófonos son palabras que tienen la misma pronunciación, pero su significado o su ortografía son distintos. Si no estás seguro de cómo escribir una palabra, búscala en el diccionario. ¿Qué homófono hay en el fragmento de esta página?

Conexiones del texto

¿Cómo muestra el fotógrafo la labor de los rescatistas después de un desastre natural? ¿Cómo se compara esto con lo que leíste en *Los terremotos* y "Enfrentar la tormenta"?

COLABORA

Coméntalo Lee la leyenda y observa la foto. Comenta con un compañero cómo podría sentirse el guardacostas al ver las consecuencias del huracán Katrina. Comenta cómo podrías sentirte tú.

Cita evidencias **Encierra en un círculo** evidencias de la foto que te permitan ver los efectos del huracán. Luego, vuelve a leer la leyenda y **subraya** las partes donde se explica cómo ayuda la tecnología a las personas en los desastres naturales.

Escribe El fotógrafo y los autores me ayudan a entender cómo reaccionan las personas ante los desastres naturales porque

Acuérdate

Utiliza evidencias de la foto y de las selecciones que leíste esta semana para comparar y contrastar cómo reaccionan las personas a los desastres naturales.

Un oficial de la Guardia Costera vuela en un helicóptero Jayhawk sobre Nueva Orleans, el 30 de agosto de 2005 después del huracán Katrina. Muchos equipos de rescate inspeccionaron la ciudad para ayudar a las personas atrapadas en los techos después del devastador huracán.

CIENCIAS

Presentar el trabajo

COLABORA

Comenta con tu compañero cómo presentarán su experimento científico sobre la erosión a la clase. Cuando presenten el experimento, uno de los dos puede dar instrucciones oralmente, mientras que el otro las sigue. Aplica las estrategias de la derecha a medida que practicas la presentación. Haz y pide sugerencias.

Comenta los marcos de oración de abajo y escribe tu respuesta.

Lo más sorprendente que aprendí de la erosión es ______________________

____

____

Me gustaría hacer otro experimento para mostrar que ______________________

____

____

Acuérdate

Planifica tu presentación con un compañero. Decidan quién leerá los pasos y quién hará la demostración. Para esto, pueden turnarse. Practiquen repitiendo las instrucciones para asegurarse de que sean claras. Dejen un tiempo para las preguntas. Si no saben una respuesta, pueden decir "Voy a averiguar y lo digo luego".

Comprobar la presentación

- ☐ Lee las instrucciones despacio y claramente.
- ☐ Haz contacto visual con el público mientras presentas el experimento.
- ☐ Haz énfasis en cada paso para que el público pueda hacer tu experimento.
- ☐ Escucha con atención las preguntas.
- ☐ Responde las preguntas y escucha las sugerencias.

ESCRITURA

Texto modelo

Elementos de la narrativa personal

La narrativa personal es un relato de no ficción que tiene como tema un suceso de la vida del autor. Una narrativa personal:

- incluye datos, ejemplos y explicaciones de sucesos que involucran personas reales;
- se narra desde el punto de vista del autor, en primera persona, por lo tanto, se utilizan palabras como *yo, mi* y *me;*
- incluye detalles sensoriales que sustentan la idea principal;
- expresa los pensamientos y sentimientos del autor con respecto a una experiencia.

Antología de literatura, páginas 22-23

gramatiNOTAS

En la página 22, la autora escribe la frase informal "estaríamos allí como fuera", en lugar de una más formal como "estaríamos allí a pesar de cualquier circunstancia". El uso del lenguaje informal ayuda a que su texto tenga un tono amistoso.

Analiza el texto modelo Leer narrativas personales te servirá para aprender a escribir una. **Vuelve a leer** la página 22 de "Enfrentar la tormenta" en la **Antología de literatura.** Escribe tus respuestas abajo.

¿Cómo utiliza la autora detalles sensoriales? ____________________

____

____

Escribe tres ejemplos de palabras o frases que utiliza la autora para presentar la secuencia de sucesos. ____________________

____

____

____

Planificar: Elige un tema

COLABORA

Escritura libre Piensa en las veces en que diste lo mejor de ti mismo para hacer algo. En una hoja de papel, escribe rápidamente y sin parar todas las ideas que se te ocurran durante cinco minutos. No te preocupes por corregir ortografía, gramática o puntuación. Luego, intercambia tu hoja con un compañero y comenten las ideas de cada uno.

____

____

Instrucción de escritura Elige una idea que quieras convertir en una narrativa personal. ¿Cuál fue la experiencia? ¿Fue difícil para ti?

Escribiré de ______________________________________

____

Propósito y público El **propósito de un autor** es su razón principal para escribir un texto. ¿Cuál es tu propósito al escribir esta narrativa personal?

Mi propósito es ___________________________________

____

Piensa en el público de tu narrativa personal. ¿Quién la leerá?

Mi público será ___________________________________

Cuando escriba mi narrativa personal, emplearé un tono ____________

Planifica En tu cuaderno de escritura, haz un organizador gráfico de secuencia como el de la derecha para planificar tu texto.

Acuérdate

Cuando vayas a escribir libremente, toma notas de tus pensamientos e ideas lo más rápido posible. Completa estas oraciones como guía.

- *Recuerdo cuando...*
- *Fue muy difícil...*
- *Me sentí...*

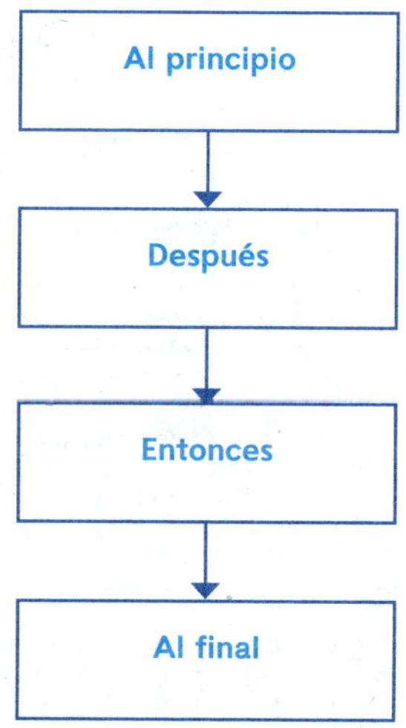

Planificar: Secuencia

Ordenar los sucesos La estructura del texto es la forma como los escritores organizan y presentan la información. La mayoría de las narrativas personales tienen una estructura de texto de secuencia. La **secuencia** es el orden en que suceden las cosas. Las palabras y frases como *al principio, primero, antes, más temprano, más tarde, luego, después* y *al final* señalan el paso del tiempo. Según los sucesos de tu narrativa personal, responde estas preguntas:

- ¿Cómo, cuándo y dónde comienza este suceso?
- ¿Qué sucede en el desarrollo para demostrar que estás haciendo tu mejor esfuerzo?
- ¿Cómo te sientes a medida que ocurren estos sucesos?
- ¿Qué sucede al final que explica lo que aprendiste?

Enumera dos cosas que vas a relatar en la secuencia de tu narrativa.

1. ______________________________

____

2. ______________________________

____

Toma notas Una vez que hayas definido el tema de tu narrativa, utiliza el organizador gráfico de secuencia para planificarla. Escribe únicamente los detalles más importantes en el organizador gráfico.

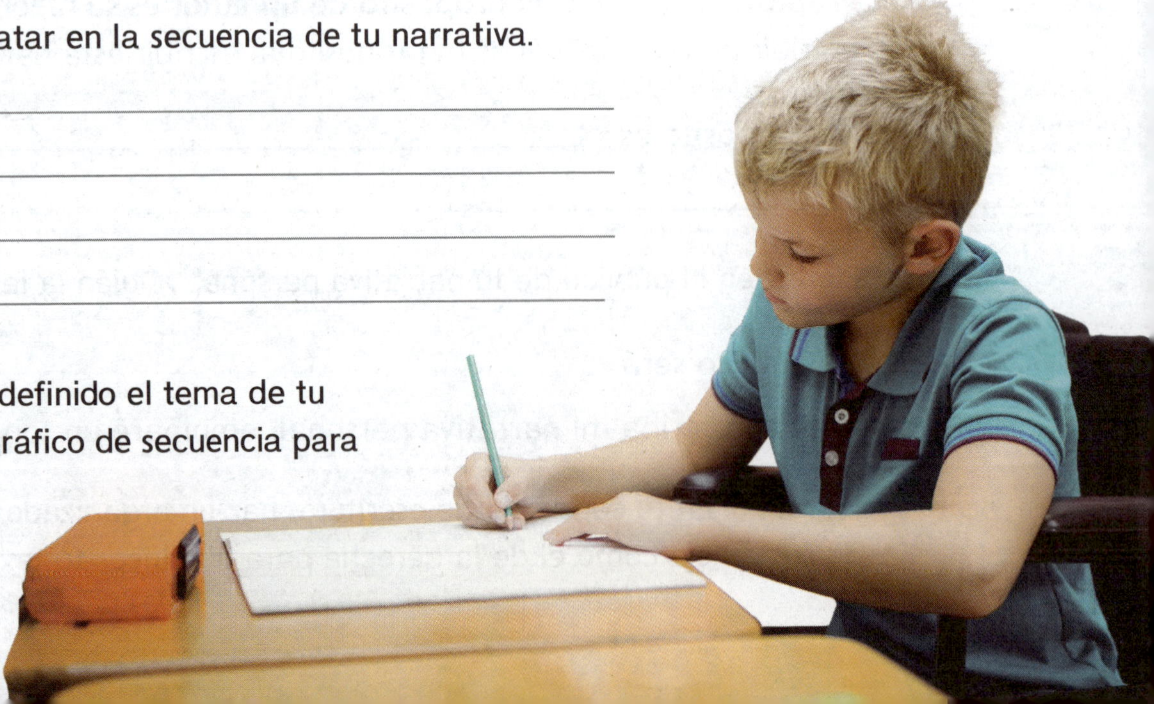

Hacer un borrador

Detalles sensoriales El autor de una narrativa personal utiliza **detalles sensoriales** para que los lectores puedan ver, oír, oler, saborear y sentir lo que está describiendo. En el fragmento de "Enfrentar la tormenta" que se muestra abajo, la autora describe lo que vio y cómo se sintió; por lo tanto, los lectores pueden ver y sentir algo similar.

> Me divertí aunque algunas partes del viaje no fueron tan geniales. Vi inundaciones repentinas y jugué en charcos por primera vez en años. Además me hice una idea de lo que es estar en un desastre natural (sin haber estado realmente en peligro). Agradezco que nadie haya resultado herido. Pero la próxima vez que vaya a acampar, ¡cancelaré mis planes tan pronto haya una señal de lluvia!

Toma el párrafo de arriba como modelo para escribir sobre el momento en que te esforzaste por hacer algo. No olvides usar palabras sensoriales para que los lectores puedan sentir algo similar a lo que sentiste.

____

____

____

____

____

Haz un borrador Utiliza el organizador gráfico de secuencia para escribir un borrador en tu cuaderno de escritura. Recuerda conectar tus ideas con palabras de secuencia que permitan entender el orden de los sucesos.

gramatiNOTAS

Los escritores suelen utilizar símiles y metáforas para hacer comparaciones que permitan a los lectores imaginar lo que está sucediendo. Por ejemplo, un escritor puede comparar el sonido de un balón que rebota contra el suelo con el latido de un corazón, o quizás comparar la textura de una hoja con un trozo de seda. Estas comparaciones ayudan a los lectores a imaginar lo que el escritor ve, escucha y siente.

Revisar

Buen final Las narrativas personales efectivas tienen finales buenos y gratificantes que sustentan el propósito del texto. Algunos escritores concluyen con un recuerdo o un sentimiento. Otros pueden finalizar con una referencia a la introducción. Lee el párrafo de abajo. Luego, revisa la última oración y conviértela en un buen final.

El otoño pasado decidí hacer una prueba para ingresar al equipo de baloncesto de la escuela. Sabía que necesitaba entrenar a diario si quería ser seleccionado. Entrenar durante horas todos los días no fue fácil. Recuerdo que un día me dolían los brazos y las piernas por haber saltado y lanzado toda la mañana. Sin embargo, estaba decidido a seguir intentándolo. Esto me tomó todo el otoño, pero para cuando comenzaron las pruebas de invierno, ya encestaba casi todos los tiros que hacía. Estoy seguro de que esto fue lo que me ayudó a ser seleccionado para formar parte del equipo

Enlace gramatical

Al revisar tu borrador, asegúrate de que variaste la extensión y estructura de las oraciones. No todas deben ser cortas. Intenta combinar oraciones cortas para hacer algunas más largas. Recuerda que cuando combinas oraciones, puedes utilizar una conjunción (*y, pero, o, aunque, entonces, ya que, ni)* Por ejemplo, *¡Me esforcé mucho en los entrenamientos y me seleccionaron para el equipo!* También puedes variar las oraciones si comienzas algunas con un verbo. Por ejemplo, *¡Entrenar duro vale la pena!*

Revisión Revisa tu borrador. Asegúrate de que tenga detalles sensoriales para que los lectores imaginen lo que viviste. Comprueba que tu texto tenga una secuencia apropiada y un buen final.

Charlas entre compañeros

Revisión del borrador Escucha con atención mientras tu compañero lee su trabajo en voz alta. Comenta lo que te gustó y lo que te pareció difícil de entender. Haz preguntas que ayuden a tu compañero a reflexionar sobre lo que escribió. Haz sugerencias para mejorar el enfoque y la coherencia. Usa estas oraciones como guía para la charla:

El comienzo de tu texto hace que quiera leer más porque...

Las palabras de secuencia que utilizaste me pemiten entender que...

Esta parte no es clara. ¿Podrías explicarme cómo...?

Creo que tu final podría ser mejor si...

Sugerencias de compañeros Cuando tu compañero haya comentado tu borrador, escribe una de las sugerencias que aplicarás. Consulta la tabla de pautas de evaluación de la página 31 a medida que haces tus sugerencias.

A partir de las sugerencias de mi compañero, ______________________

____

____

Luego de la charla entre compañeros, reflexionen. ¿Resultó útil el intercambio? ¿Qué podrían hacer de otro modo la próxima vez?

Revisión Al revisar tu borrador, consulta las sugerencias de comprobar la revisión para determinar qué ideas debes agregar, eliminar, combinar o reorganizar. Consulta las pautas de evaluación de la página 31.

Comprobar la presentación

- ☐ ¿Atrae el comienzo de mi narrativa personal la atención de los lectores e incluye información de cuándo y dónde ocurrió el suceso?
- ☐ ¿Utilicé palabras de secuencia para organizar los sucesos?
- ☐ ¿Empleé detalles sensoriales para ayudar a los lectores a imaginar lo que sucedió?
- ☐ ¿Describí en el final cómo me sentí al vivir esa experiencia?

ESCRITURA

Corregir

Al **corregir** tu texto, tienes que buscar errores de ortografía, de puntuación, de uso de mayúsculas y de otros aspectos gramaticales. Si lees un borrador varias veces, estarás seguro de no pasar por alto ningún error. Fíjate en las sugerencias de comprobar la corrección.

Comprobar la corrección

- ☐ ¿Comienzan todas las oraciones con mayúscula y tienen los signos de puntuación adecuados?
- ☐ ¿Se utilizan correctamente las comillas?
- ☐ ¿Tienen todas las oraciones un verbo conjugado?
- ☐ ¿Se utilizan correctamente las conjunciones en oraciones compuestas?
- ☐ ¿Se utilizan correctamente las palabras con significado múltiple?
- ☐ ¿Están todas las palabras escritas correctamente?

Escribe dos errores que hayas encontrado al corregir tu texto.

1 ______________________________

____

2 ______________________________

____

tecnoNOTAS

El corrector de gramática es una herramienta útil de los programas procesadores de texto. Si el corrector de gramática identifica una oración o frase incorrecta, consulta las sugerencias de comprobar la corrección y pregúntate: ¿Es correcta la puntuación de mi texto? ¿Utilicé oraciones completas? ¿Me falta un verbo? ¿Utilicé correctamente palabras con significado múltiple?

Enlace gramatical

Al corregir, comprueba los tiempos verbales. Un verbo en tiempo presente se refiere a una acción que sucede ahora mismo: *Hoy estoy entrenando.* Un verbo en tiempo pasado se refiere a una acción que ya sucedió: *Ayer practiqué tiros libres.* Un verbo en tiempo futuro se refiere a una acción que va a suceder: *¡Mañana jugaremos la final!*

Publicar, presentar y evaluar

Publicación Al **publicar** tu texto, muestra una copia limpia, clara y sin errores. Mientras haces tu borrador final, asegúrate de escribirlo en cursiva de forma legible. Comprueba que agarras el lápiz correctamente entre tus dedos índice y pulgar.

Presentación Cuando estés listo para **presentar** tu trabajo, ensaya tu presentación. Usa las pautas de comprobar la presentación como guía.

Evaluación Después de publicar tu texto, lee las pautas de evaluación que se muestran abajo para **evaluar** tu texto.

¿Qué aspectos son satisfactorios? ______________________________

¿Qué partes requieren más trabajo? ______________________________

Comprobar la presentación

- ☐ Párate o siéntate erguido y sonríe.
- ☐ Mira al público.
- ☐ Habla con claridad y expresividad.
- ☐ Gesticula mientras lees palabras sensoriales para que el público visualice.
- ☐ Responde las preguntas a conciencia con detalles de tu narrativa.

4	3	2	1
• La experiencia personal que se relata es atractiva e incluye detalles sensoriales. • Tiene un comienzo, un desarrollo y un final con palabras de secuencia que dan un orden a los sucesos. • Tiene un buen final que sustenta el resto del relato. • El texto está libre o casi libre de errores.	• La experiencia personal que se relata incluye algunos detalles sensoriales. • Tiene un comienzo, un desarrollo y un final con algunas palabras de secuencia para conectar los sucesos en orden. • Tiene un final regular. • Tiene algunos errores, pero es fácil de leer.	• Los detalles de la experiencia personal no son suficientes. • No se incluyen palabras de secuencia y algunos sucesos están en desorden. • No tiene un buen final. • Tiene errores frecuentes que dificultan su comprensión.	• No se narra una experiencia personal. No tiene detalles sensoriales. • No hay ningún orden en los sucesos, por lo tanto, es confuso. • No tiene un final. • Tiene tantos errores que es difícil de leer y entender.

Coméntalo

Pregunta esencial

¿Cómo afectan tus acciones a los demás?

COLABORA

¿Alguna vez has escuchado la expresión "una acción dice más que mil palabras"? Una promesa rota es un ejemplo de acciones que dicen más que mil palabras. ¿Puedes dar otro ejemplo?

¿Cómo te sentirías si estuvieras sentado al lado de estas dos niñas?

Escribe algunas de tus acciones y los efectos que han tenido en las personas que te rodean. Comenta con un compañero en qué forma tus acciones pueden afectar a los demás.

Acción		Efecto
	→	
	→	
	→	
	→	

BLAST BACK! studysync

Ve a **my.mheducation.com** y lee el *Blast* "Amigos para siempre". Piensa en las amistades de las que has leído en relatos. ¿Qué características tiene un buen amigo? Luego, comenta tus respuestas al *Blast*.

Masterfile

LECTURA COMPARTIDA

TOMA NOTAS

Para concentrarte en la lectura, da un vistazo al texto y a las ilustraciones. ¿Cuál crees que será el tema del relato? Escribe tu predicción abajo.

Mientras lees, anota:

Palabras interesantes:

Detalles clave:

El juguete de Juan

Lina Cruz

Los dos mejores amigos de Sofía eran Juan y Akki. Tanto en la escuela como durante los fines de semana se divertían mucho y por eso siempre estaban juntos y **sonrientes**.

Pregunta esencial

¿Cómo afectan tus acciones a los demás?

Lee sobre cómo las acciones de Sofía y Akki afectan a Juan.

Omar Figueros

Un día en la clase de artes, el maestro anunció: "Hoy vamos a fabricar juguetes con material reciclado". Todos empezaron a pensar qué harían.

—Vamos a buscar los materiales —dijo el maestro. Él sabía que si sus estudiantes conseguían las cosas por sus propios medios, su **autoestima** aumentaría.

Al salir del aula, se dieron cuenta de que sus **compañeros** de secundaria acababan de irse de la cancha de fútbol. Los **basureros** estaban llenos de botellas, bolsas plásticas, latas y tapas de refresco. Entre todos recolectaron el material para sus proyectos y luego los limpiaron. Al volver al salón, el maestro les dijo: "Cada uno fabrique su juguete con los materiales que recolectó".

Akki construyó un barco con bolsas de plástico y palitos de madera. Sofía tomó periódico y pintura, y con ellos hizo una canastilla para cargar sus muñecas. Pero el mejor juguete de todos lo hizo Juan. Era un cohete fabricado con tapas y botellas de refresco. ¡Hasta tenía espacio para el piloto!

FICCIÓN REALISTA

BUSCAR EVIDENCIAS

Leer

Párrafos 2–3

Diálogos

Subraya los diálogos de los párrafos 2 y 3. ¿Con qué caracteres se indica que el profesor está hablando?

____

____

Párrafo 4

Hacer predicciones

¿Qué crees que pasará con el juguete que construyó Juan?

____

____

Releer

Técnica del autor

¿Por qué incluye la autora lenguaje descriptivo para referirse a la amistad de los niños?

LECTURA COMPARTIDA

BUSCAR EVIDENCIAS

Leer

Párrafo 4

Modismos

Encierra en un círculo las palabras que sirven para comprender el significado del modismo "¡qué mala pata!".

Hacer predicciones

Con base en los diálogos de la página, ¿cómo crees que reaccionará Juan? Escribe tu predicción abajo.

____

____

____

Releer

Técnica del autor

¿Para qué describe la autora cómo se sentían las niñas cuando el juguete de Juan se dañó?

Sofía y Akki estaban maravilladas con el juguete que había hecho Juan, y lo invitaron a jugar después de la escuela en casa de Sofía. Pero ya Juan tenía planes de visitar a su abuela, así que decidió prestarles el cohete, no sin antes decirles: "¡Mañana me lo devuelven, por favor!". Las niñas se despidieron felices.

Cuando llegaron a casa, la mamá de Sofía les dijo: "¡Qué lindos juguetes! Y lo mejor es que los hicieron con sus propias manos. Por eso tienen mucho más valor. Cuando terminen de jugar, no los dejen olvidados afuera. Deben cuidarlos para que no se dañen. Especialmente si son **responsables** del juguete de Juan".

Las niñas salieron a jugar, pero cuando entraron a la hora de la merienda, olvidaron recoger los juguetes. ¡Estaban en la luna! Cuando salieron nuevamente, se sorprendieron al ver que sus juguetes habían sido **aplastados** por los transeúntes. Y lo peor: el precioso cohete de Juan también estaba roto y había ido a parar a un **charco**.

Las dos amigas solo pensaron: "¡qué mala pata!". En ese momento, la mamá de Sofía salió y encontró a las niñas sentadas en la **banqueta**, muy preocupadas por su mala suerte. Las rodeó con sus brazos y dulcemente les recordó la importancia de ser responsables, y que tenían que guardar sus juguetes después de jugar con ellos.

Al día siguiente, en la escuela, Sofía se llenó de valor y fue a hablar con Juan.

—¡Hola, Sofía! ¿Qué tal la pasaron ayer? —preguntó Juan—. Yo la pasé fantástico en casa de mi abuela.

Omar Figueros

Akki llegó en ese momento y pensó: "¡Hacia atrás ni para tomar impulso!".

Las niñas le dijeron que también tenían algo que contarle, y que en realidad les daba mucha vergüenza.

—Bueno, dejen el misterio. ¿Qué pasó?

—Mmm, pues... ¡aquí va!

Akki le contó a Juan que, producto de un descuido de ellas, alguien había aplastado su cohete en un charco. El niño abrió los ojos, respiró profundo y contestó:

—¡Ayyy! ¡Y lo peor es que yo no lo pude estrenar! Ahora tendré que construir uno nuevo.

Sofía y Akki estaban tristes, pero sabían que tenían que hacer algo para remediar su descuido.

—¡Ya sé, no pensemos en eso! —dijo Sofía—. Hagamos borrón y cuenta nueva y construyamos juntos otro cohete.

Esa tarde fueron a casa de Juan y juntos fabricaron el cohete hecho de botellas y tapas más bonito y grande que jamás se haya visto. Y nunca más dejaron sus juguetes olvidados.

Resumir

Resume la trama de "El juguete de Juan" con ayuda de tus notas. Comenta si tu predicción de la página 34 fue correcta.

FICCIÓN REALISTA

BUSCAR EVIDENCIAS

Leer

Problema y solución

Encierra en un círculo la evidencia que muestra qué hicieron Sofía y Akki para resolver el problema. ¿Qué le proponen a Juan?

____

____

Diálogo

Subraya el desenlace, que es el suceso o decisión que lleva a la solución.

Sintetizar información

¿Cuál fue el resultado del descuido de las niñas? Con un compañero, comenta cómo influyó en la trama.

Releer

Técnica del autor

¿Por qué incluyó la autora una ilustración de los niños construyendo el nuevo cohete?

Vocabulario

A partir de las oraciones que se dan como ejemplo, comenta con un compañero lo que significa cada palabra. Luego, responde las preguntas.

aplastado

El niño encontró un globo desinflado y **aplastado** en el suelo.

¿Qué objeto has aplastado sin intención?

____

____

autoestima

Anotar un gol en el partido aumentó la confianza y la **autoestima** de Daniel.

¿Qué otras cosas ayudan a aumentar la autoestima?

____

____

banqueta

La niña pasea con su perro por la **banqueta**.

¿Qué cosas no deberían andar por la banqueta?

____

____

basurero

Los **basureros** están medio vacíos.

¿Qué tipo de desechos pueden encontrarse en un basurero?

____

____

charco

Después de que llueve, quedan muchos **charcos** en las calles.

¿Cómo queda tu ropa después de saltar en un charco?

____

____

Tu lista de palabras Vuelve a leer el tercer párrafo de la página 37. Encierra en un círculo la palabra *impulso.* Busca su significado en un diccionario impreso o en línea, y escríbelo en tu cuaderno de escritura.

compañero

El entrenador dice a sus jugadores que deben comportarse como **compañeros.**

¿Por qué los niños y las niñas de tu escuela son tus compañeros?

____

____

responsable

Enrique y Natalia son **responsables** de bañar a su perro.

¿De qué cosas eres responsable?

____

____

sonriente

Los niños miran **sonrientes** la obra de títeres.

Comenta algo que te haga estar muy sonriente.

____

____

Modismos

Los **modismos** son frases cuyo significado es diferente a la definición que tienen las palabras que los conforman. Las claves de contexto pueden ayudarte a determinar el significado de un modismo.

BUSCAR EVIDENCIAS

Cuando leo el modismo "¡Estaban en la luna!" en el tercer párrafo de la página 36, la frase "olvidaron recoger los juguetes" me ayuda a comprender el significado de esta expresión. "Estar en la luna" significa estar distraído.

Las niñas salieron a jugar, pero cuando entraron a la hora de la merienda, olvidaron recoger los juguetes. ¡Estaban en la luna!

Tu turno Determina el significado de estos modismos a partir de las claves de contexto.

¡Hacia atrás ni para tomar impulso!, página 37______

____

Hagamos borrón y cuenta nueva, página 37________

____

Identifica otros modismos en las lecturas de la semana.

Omar Figueros

Hacer predicciones

Al leer, haz predicciones sobre lo que va a ocurrir a partir de los detalles del relato. A medida que lees "El juguete de Juan", haz predicciones.

Acuérdate

Presta atención a lo que hace un personaje cuando alguien le dice algo. Esto te dará claves sobre los sentimientos del personaje.

BUSCAR EVIDENCIAS

Cuando leíste el texto de la página 35, tal vez predijiste que los tres niños iban a jugar con los juguetes. Vuelve a leer la página 36 y busca evidencia para confirmar tu predicción.

Página 36

Sofía y Akki estaban maravilladas con el juguete que había hecho Juan, y lo invitaron a jugar después de la escuela en casa de Sofía. Pero ya Juan tenía planes de visitar a su abuela, así que decidió prestarles el cohete, no sin antes decirles: "¡Mañana me lo devuelven, por favor!". Las niñas se despidieron felices.

Leí el fragmento en el que las niñas invitaron a Juan a jugar en la casa de Sofía. Debo revisar mi predicción.

COLABORA

Tu turno A partir de las claves del cuento, ¿cómo crees que Sofía y Akki van a jugar con sus juguetes en el futuro? Escribe tu predicción abajo. Mientras lees, recuerda emplear la estrategia Hacer predicciones.

____

____

Diálogo

El cuento "El juguete de Juan" es **ficción realista.** La ficción realista es un relato inventado en el que los personajes, el ambiente y los sucesos podrían existir en la vida real. Suele incluir diálogo. La ficción realista tiene un conflicto, un clímax, un desenlace y una solución.

BUSCAR EVIDENCIAS

Puedo saber que "El juguete de Juan" es ficción realista, porque el ambiente del cuento es una escuela y la casa de Sofía. También porque el diálogo entre Sofía, Akki y Juan es realista. Ellos hablan y actúan como cualquier estudiante de mi escuela.

De lectores a escritores

Los autores utilizan el diálogo para que los lectores conozcan mejor a los personajes de un relato. Con el diálogo, el lector sabe cómo piensa y qué siente un personaje. ¿Cómo puedes utilizar el diálogo en tus escritos?

Página 37

Akki llegó en ese momento y pensó: "¡Hacia atrás ni para tomar impulso!".

Las niñas le dijeron que también tenían algo que contarle, y que en realidad les daba mucha vergüenza.

–Bueno, dejen el misterio. ¿Qué pasó?

–Mmm, pues... ¡aquí va!

Akki le contó a Juan que, producto de un descuido de ellas, alguien había aplastado su cohete en un charco. El niño abrió los ojos, respiró profundo y contestó:

–¡Ayyy! ¡Y lo peor es que yo no lo pude estrenar! Ahora tendré que construir uno nuevo.

Sofía y Akki estaban tristes, pero sabían que tenían que hacer algo para remediar su descuido.

–¡Ya sé, no pensemos en eso! –dijo Sofía–. Hagamos borrón y cuenta nueva y construyamos juntos otro cohete.

Esa tarde fueron a casa de Juan y juntos fabricaron el cohete hecho de botellas y tapas más bonito y grande que jamás se haya visto. Y nunca más dejaron sus juguetes olvidados.

Resumir

Resume la trama de "El juguete de Juan" con ayuda de tus notas. Comenta si tu predicción de la página 34 fue correcta.

Diálogo

Los diálogos son las palabras exactas que dicen los personajes.

COLABORA

Tu turno Con un compañero, identifica el diálogo de "El juguete de Juan" en el que Akki y Sofía le cuentan a Juan la noticia. ¿Cómo se sintió Juan?

Releer | LECTURA COMPARTIDA

Problema y solución

En un cuento, el personaje principal suele enfrentar un **problema.** En la trama del cuento se suelen relatar los pasos que el personaje sigue para buscar una **solución** al problema.

BUSCAR EVIDENCIAS

Al leer la página 36 de "El juguete de Juan" vi que Sofía y Akki tenían un problema. Haré una lista de los sucesos del cuento. Esto me mostrará la solución que encontraron las amigas.

Personaje
Sofía y Akki
Ambiente
la casa de Sofía
Problema
Sofía y Akki arruinaron el juguete de Juan.
Suceso
Sofía y Akki olvidaron los juguetes en la banqueta.
Solución

Acuérdate

El conflicto describe el problema del personaje. En el clímax el relato da un giro y toma una nueva dirección. La solución es cuando el problema empieza a resolverse, y el desenlace es cuando se resuelve el problema. Vuelve a leer y busca los sucesos que llevaron a los amigos a resolver el problema.

COLABORA

Tu turno Vuelve a leer "El juguete de Juan". Busca otros sucesos importantes. Utiliza estos sucesos para identificar la solución y escríbelos en el organizador gráfico de la página 43.

Omar Figueros

Personaje

Ambiente

Problema

Sucesos

Solución

Responder a la lectura

Responde por escrito la siguiente pregunta. Piensa en la manera como el autor presenta el problema de Sofía y Akki. Consulta tus notas y el organizador gráfico.

¿Cómo te ayuda la autora a comprender mejor la trama del relato con las descripciones de los personajes y las ilustraciones?

____

____

____

____

____

____

____

____

____

____

____

____

____

____

Acuérdate

Completa estas oraciones para comentar el texto y explicar tu respuesta:

- *La descripción que hace la autora...*
- *La ilustración de la página...*
- *Estas descripciones y la ilustración me sirvieron para...*

Enlace gramatical

A medida que escribes tu respuesta, asegúrate de poner entre comillas cualquier diálogo que tomes del cuento. Acuérdate de que el signo de puntuación final debe ir fuera de las comillas de cierre.

Juan dijo: "Bueno, dejen el misterio".

Akki le respondió: "Mmm, pues... ¡aquí va!".

Carta formal

Escribes una **carta formal** cuando quieres contactar a alguien de una empresa, una organización o un gobierno. Esta debe tener un formato, tono y estilo de escritura formales. Con las cartas formales se puede solicitar información, pedir ayuda o comunicar un problema. En una carta formal se escribe la fecha, la dirección, el saludo, el contenido, el cierre de cortesía y la firma.

¿Dónde has visto una carta formal?

____

COLABORA

Escribe una carta formal Con un compañero, escribe una carta formal sobre una ley a un representante de tu estado.

- Elige una ley de tu estado sobre la que quieras conocer más.
- Pídele a tu maestro o a un adulto que te ayude a buscar en línea el nombre y la dirección de uno de tus representantes estatales.
- Escribe una carta formal para pedirle más información de la ley. También podrías presentar tu opinión sobre ella.

Si presentas tu opinión en la carta formal, deberías explicar con qué estás de acuerdo y con qué no, y cómo crees que debería reformarse. Después de terminar, presenta tu trabajo a la clase.

Andrés Rodríguez
1234 Canon Drive
Los Ángeles, 90001
2 de mayo de 2018
Sra. Viola Smart, presidenta
Corporación Acme
100 Roadrunner Way
Los Ángeles, 90001

Estimada Sra. Smart:

Soy un cliente. Recibí recientemente su catálogo y noté que ya no venden trampolines. Necesito uno nuevo y quería comprárselo a su compañía. ¿Volverán a vender trampolines? En caso de no ser así, querría saber si podrían darme el contacto del fabricante.

Muchas gracias por su colaboración.

Atentamente,

Andrés Rodríguez
Andrés Rodriguez

En el ejemplo de arriba se muestra una carta formal. **Encierra en un círculo** el saludo. ¿Quién es el autor de la carta? Escribe tu respuesta abajo.

____

____

____

____

Releer | TEXTO PRINCIPAL

Antología de literatura, páginas 24–37

¿A quién le toca?

¿Cómo te permite la descripción que hace la autora de la caída de Elvira visualizar este suceso?

COLABORA

Coméntalo Vuelve a leer las páginas 34 y 35 de la **Antología de literatura.** Comenta con un compañero cómo ocurre la caída de Elvira.

Cita evidencias ¿Cómo describe la autora las emociones de Elvira antes y después de su caída? Escribe la evidencia en el organizador gráfico.

Las emociones de Elvira	¿Por qué es efectivo este recurso?

Escribe La descripción que hace la autora de los sucesos de la caída de Elvira me permite ______________________________

____

____

Acuérdate

Cuando vuelves a leer un texto, recuerda prestar atención a la manera en que el autor describe las emociones y sensaciones de los personajes. Así, podrás entender mejor las acciones y la relación entre ellos.

¿Por qué finaliza la autora el texto con una pregunta dirigida al lector?

COLABORA

Coméntalo Vuelve a leer las páginas 36 y 37. Comenta con un compañero la pregunta que la autora los invita a responder.

Cita evidencias Teniendo en cuenta el mensaje del relato y los sucesos narrados, ¿cómo responderías la pregunta de la autora?

Mensaje
Acción
Consecuencias

↓

¿Qué cambiarías en esta historia?

Escribe Para transmitir su mensaje la autora plantea una pregunta al lector al final del relato porque ______

______

______

______

Acuérdate

Completa las siguientes oraciones para señalar la importancia de la pregunta al lector:

Al plantearle una pregunta al lector, la autora...

Esto hace que el lector...

Hacer inferencias

Piensa en la manera como actúan los otros personajes cuando vieron el plátano sobre el suelo. ¿Qué inferencias puedes hacer de ellos? ¿Crees que se sintieron mal cuando Elvira se resbaló con el plátano que ellos habían visto y no recogieron? ¿Por qué?

Releer

TEXTO PRINCIPAL

¿Por qué es apropiado el título del relato para el propósito de la autora?

COLABORA

Coméntalo Vuelve a leer el título del relato. Comenta con un compañero la relación entre este y lo que se narra en el texto.

Cita evidencias ¿Cuál es el propósito de la autora al describir las acciones de los personajes?

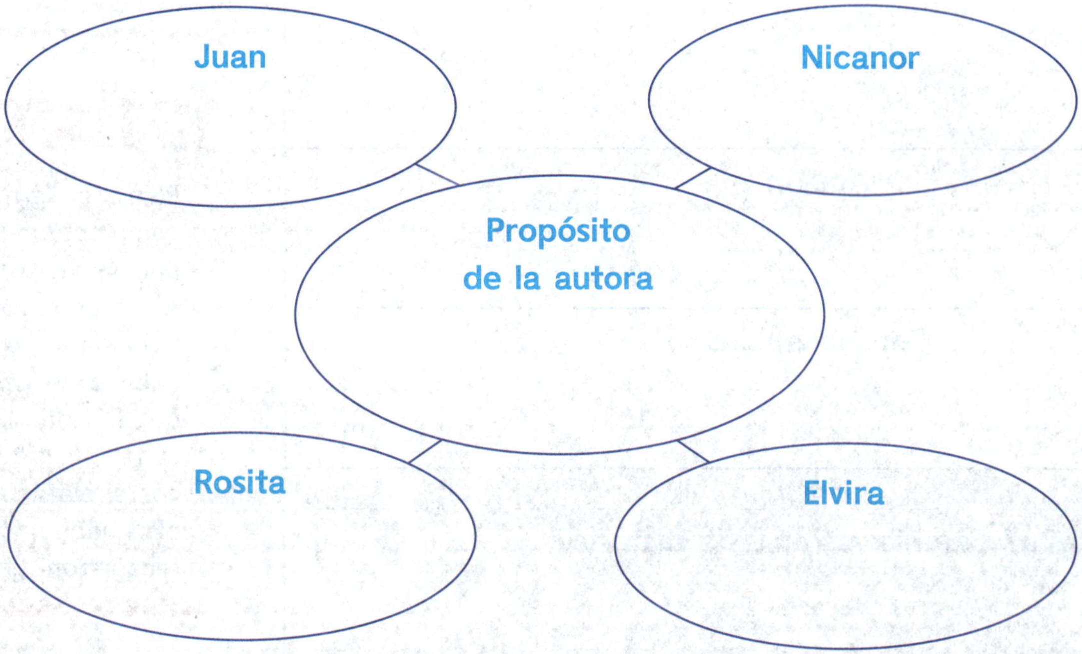

Escribe El título del relato es apropiado para el propósito de la autora porque ______________________________

____

____

____

Acuérdate

Para pensar en la relación entre el título y el propósito de la autora, repasa los sucesos clave del relato.

Evaluar información

Piensa en los diferentes recursos que utiliza la autora para interpelar al lector a lo largo del relato. ¿De qué manera se presenta la información para transmitir el mensaje de que nuestras acciones tienen consecuencias?

La autora emplea varios recursos, como...

Así puede transmitir su mensaje porque...

Responder a la lectura

COLABORA

Responde por escrito la siguiente pregunta. Al responder, ten en cuenta tu experiencia en momentos en los que hayas pensado en el bienestar de los demás. Consulta tus notas y el organizador gráfico.

¿De qué modo emplea la autora distintos recursos para transmitir al lector el mensaje de que a todos nos toca velar por el bienestar de los demás?

Acuérdate

Completa estas oraciones para organizar tus evidencias del texto.

La autora emplea varios recursos, como...

Así puede transmitir al lector su mensaje, porque...

Mis lecturas

Elige un texto. Lee las primeras dos páginas. Si más de cinco palabras son desconocidas, elige otro texto. Escribe en tu cuaderno de escritura el título, el autor y el género de la lectura. Escribe tu propósito de leer.

Releer

LECTURA COMPLEMENTARIA

Denuncia el acoso escolar

Antología de literatura: páginas 40–43

Las comunidades se manifiestan

1 Nueva Hampshire aprobó una ley para detener a los agresores. La ley establece que se debe entrenar a todo el personal de las escuelas para saber cómo se manifiesta el acoso escolar y aprender a reconocer sus signos. También declara que las personas deben denunciar cualquier acoso. El estado espera que la ley cree escuelas libres de acoso escolar.

2 En Midland, Texas, la policía lleva este mensaje a las escuelas. Los oficiales de policía les dicen a los estudiantes que el acoso escolar puede ser un delito. Quieren que los agresores sepan que son responsables de lo que hacen. Esto quiere decir que si los atrapan serán castigados. Los oficiales invitan a los estudiantes que han sido víctimas de acoso o que lo han visto a que informen de inmediato. Les dicen que cualquier persona puede decidir dejar de ser un agresor.

Vuelve a leer el párrafo 1. **Encierra en un círculo** las oraciones que describen la ley sobre el acoso escolar que tiene Nueva Hampshire. Escribe las oraciones abajo.

1 ______________________________

____

____

____

2 ______________________________

____

COLABORA

Vuelve a leer el párrafo 2. Habla con un compañero sobre el mensaje de los oficiales de policía en las escuelas. **Subraya** las oraciones sobre lo que los oficiales de policía les dicen a los estudiantes.

Los jóvenes denuncian

1 La actriz Lauren Potter se dirige a los legisladores. Ella denuncia el acoso a estudiantes con necesidades especiales. Lauren nació con síndrome de Down. Como no lucía como sus compañeros, se burlaban de ella y la insultaban cuando era niña. Aspira a que se creen leyes que protejan a la gente de los agresores.

Aprender a denunciar

2 Es importante que las personas de todo el mundo reconozcan y denuncien todas las formas de acoso escolar. Todos tienen derecho a sentirse seguros y a ser tratados con respeto. Así mismo, cada uno es responsable de tratar a los demás con respeto. Informa todo lo que pueda interferir con la convivencia en un ambiente seguro.

Vuelve a leer el párrafo 3. **Subraya** las oraciones que expresan la denuncia que hizo Lauren Potter ante los legisladores.

COLABORA

Vuelve a leer el párrafo 4. Con un compañero comenta qué puedes hacer para detener el acoso escolar. **Encierra en un cuadrado** la evidencia del párrafo que sustenta tu respuesta.

Escribe aquí una idea clave que el autor quiere que aprendas del acoso escolar:

____

____

____

Releer

LECTURA COMPLEMENTARIA

¿Cómo sabes qué piensa el autor del acoso escolar?

COLABORA

Coméntalo Vuelve a leer los fragmentos en las páginas 50 y 51. Comenta con un compañero qué piensa el autor sobre el acoso escolar.

Cita evidencias ¿Qué claves te permiten entender lo que el autor piensa del acoso escolar? Escribe las evidencias del texto aquí.

Evidencia del texto	→	Qué piensa el autor
	→	
	→	

Escribe El autor da a entender qué piensa del acoso escolar al ____________

____

____

____

Sintetizar información

Cuando vuelvas a leer, piensa en cómo te sientes con respecto al acoso escolar y compara tus opiniones con las del autor. Si no estás seguro de lo que piensa el autor, su elección de palabras te puede ayudar a comprender cómo se siente.

Hecho y opinión

Los **hechos** son afirmaciones cuya verdad o falsedad puede verificarse. *Estados Unidos está en América.* Esta afirmación es un hecho. Puedes investigar y probar que es verdadera. Las **opiniones** no pueden verificarse. Son las creencias personales o juicios. Puedes estar en contra o a favor. *La mejor manera de conocer Estados Unidos es en carro.* Esta es una opinión.

BUSCAR EVIDENCIAS

En la página 41 de "Denuncia el acoso escolar" de la **Antología de literatura,** la autora presenta una opinión al afirmar que el acoso escolar es un problema serio, pues le da gran importancia al tema. La siguiente oración es un hecho. "El acoso escolar ocurre cuando una persona se comporta de forma agresiva para herir a los demás a propósito". Su veracidad puede verificarse al buscar la palabra *acoso* en un diccionario.

> Uno de los problemas más serios que afrontan los estudiantes hoy en día es el *bullying,* o acoso escolar. **El acoso escolar ocurre cuando una persona se comporta de forma agresiva para herir a los demás a propósito.**

Acuérdate

Para determinar si una oración es un hecho o una opinión, responde estas preguntas. *¿Se puede comprobar la veracidad de esta afirmación?* En caso afirmativo, es un hecho. *¿Expresa los sentimientos o pensamientos de una persona?* En caso afirmativo, es una opinión.

COLABORA

Tu turno Vuelve a leer la página 51.

- ¿Qué hecho de Lauren Potter presenta la autora? ______________________

  ____

- ¿Qué opina la autora sobre aprender a denunciar el acoso? ______________

  ____

Integrar **HACER CONEXIONES**

Conexiones del texto

¿Cómo te ayudan las niñas de la foto y los autores de *A quién le toca* y "Denuncia el acoso escolar" a comprender la manera en que tus acciones podrían afectar a los demás?

COLABORA

Coméntalo Observa la foto y lee la leyenda. Comenta con un compañero lo que las niñas están haciendo.

Cita evidencias ¿Qué evidencias en la foto te ayudan a entender cómo las acciones de la joven influyen en la niña? **Encierra en un círculo** estas evidencias. Vuelve a leer la leyenda y **subraya** las evidencias del texto que te ayudan a entender qué están haciendo las niñas juntas.

Escribe El fotógrafo y las autoras me ayudan a entender cómo mis acciones pueden afectar a otros al

____

____

____

____

____

____

____

Acuérdate

Cuando leas, utiliza las claves en las fotos e ilustraciones para ampliar tu comprensión. En la foto de abajo, observa lo que hacen las niñas. La expresión de sus rostros puede mostrar cómo se sienten.

La joven enseña a la niña a jugar béisbol. Ambas forman parte de un programa en su comunidad en el que los alumnos mayores comparten algunas actividades con los más chicos.

Eric McNatt/Stockbyte/Getty Images

ESTUDIOS SOCIALES

Presentar el trabajo

COLABORA

Comenta con un compañero cómo vas a presentar tu carta formal a la clase y cómo se la enviarás a tu representante estatal después de que la hayas presentado. Aplica las estrategias de la derecha a medida que escuchas las presentaciones de tus compañeros. Completa las siguientes oraciones.

Un dato interesante que aprendí de la ley es ____

____

____

Me gustaría saber más acerca de ____

____

____

Acuérdate

Antes de presentar tu carta, haz un resumen corto de la ley que elegiste para que tus compañeros sepan sobre qué escribiste.

Comprobar la presentación

- ☐ Pon atención a cómo el orador utilizó ayudas visuales.
- ☐ Escucha atentamente.
- ☐ Toma nota sobre lo que te gustó de la presentación.
- ☐ Espera a que la presentación haya terminado para comentarla.
- ☐ Si alguien comenta antes lo que tú ibas a decir, explica por qué estás de acuerdo.

Tony Freeman/PhotoEdit

Coméntalo

¿? Pregunta esencial

¿Cómo comenzar un negocio puede ayudar a los demás?

COLABORA

¿Cómo comienzas un negocio y ayudas a las personas al mismo tiempo? Una mujer lo hizo en Nueva York. Abrió una panadería en la que se ofrece un programa de formación culinaria para inmigrantes. No solo el programa de formación ha sido exitoso, sino que los panes también son muy reconocidos.

¿Cómo crees que un negocio puede retribuir a la comunidad? Escribe tus ideas en la red de palabras.

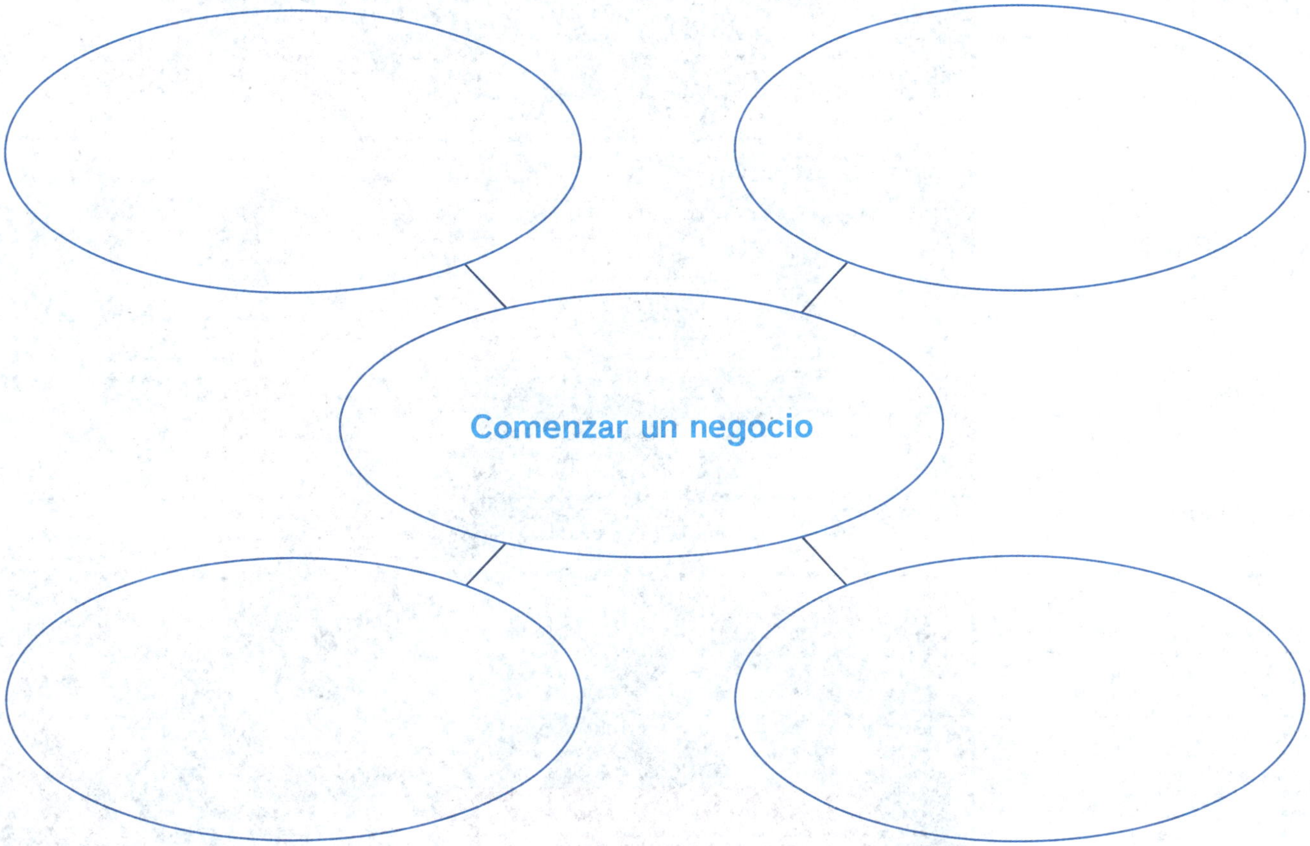

Ve a **my.mheducation.com** y lee el *Blast* "Ayudar a otros es buen negocio". Piensa en cómo estos negocios ayudan a las personas y a ganar dinero. Luego, comenta tus respuestas al *Blast*.

Echo/Cultura/Getty Images

LECTURA COMPARTIDA

ESTABLECE EL PROPÓSITO DE LA LECTURA

Saber por qué vas a leer te permite determinar cómo vas a leer el texto. Si lees para encontrar información, puedes volver a leer algunas secciones para asegurarte de que comprendiste el texto.
Da un vistazo preliminar al texto y escribe tu propósito de leer.

____

____

____

A medida que lees, anota:

Palabras interesantes: __________

____

____

____

Detalles clave: _______________

____

____

____

TIME FOR KIDS

Pregunta esencial

¿Cómo comenzar un negocio puede ayudar a los demás?

Lee cómo dos compañías aportan a la comunidad.

(bkgd) Kwaku Alston/Stockland Martel.

Dólares con $IGNIFICADO

Detrás del éxito de estos grandes negocios está el deseo de ayudar a los demás.

Un buen negocio no siempre se centra en el balance final. Un negocio **compasivo** sabe que ganar dinero no es la única forma de medir el éxito. Muchas grandes empresas de Estados Unidos y el mundo encuentran formas novedosas de ayudar a las personas necesitadas.

Corazones y suelas

Después de comenzar y dirigir cuatro negocios, Blake Mycoskie quiso tener una pausa en su **rutina.** En 2006, viajó a Argentina, en América del Sur, y allí aprendió a navegar y a bailar. También visitó pueblos pobres donde muy pocos niños tenían zapatos. "Voy a comenzar una empresa de zapatos y por cada par que venda, daré otro par a un niño necesitado".

Para este nuevo **proyecto,** Mycoskie comenzó el negocio con su propio dinero. Lo llamó TOMS: Zapatos para un Mañana. Se diseñaron zapatos sin cordones inspirados en los zapatos tradicionales de los trabajadores argentinos.

Mycoskie puso en marcha inmediatamente su **innovador** programa uno por uno. TOMS regala un par de zapatos por cada par que vende. Ese mismo año, regresó a Argentina y regaló 10,000 pares de zapatos. En 2016, TOMS había donado más de 60 millones de pares.

TEXTO ARGUMENTATIVO

BUSCAR EVIDENCIAS

Leer

Párrafo 1

Idea principal y detalles clave

Subraya la idea principal del primer párrafo.

Párrafos 2–4

Volver a leer

Encierra en un círculo lo que vio Mycoskie cuando visitó los pueblos de Argentina. ¿Qué hizo Mycoskie después de ver esto?

____

Sufijos

El sufijo *-mente* sirve para formar adverbios a partir de adjetivos. **Encierra en un cuadrado** la palabra del cuarto párrafo con el sufijo *-mente*.

Releer

Técnica del autor

¿Cuál es el propósito del autor al utilizar la palabra "significado" en el título?

LECTURA COMPARTIDA

BUSCAR EVIDENCIAS

Leer

Párrafos 1–2

Volver a leer

Encierra en un círculo las evidencias del texto que indican qué ha pasado con la empresa de Mycoskie. ¿Qué le enseñó esta experiencia a Mycoskie?

Párrafos 3–5

Idea principal y detalles clave

Subraya el detalle que mejor explica cómo recauda fondos Hard Rock Café para donarlos a la comunidad.

Releer

Técnica del autor

¿Cómo emplea el autor las palabras de Mycoskie para sustentar el argumento de que los negocios pueden retribuir a la comunidad?

TIME FOR KIDS

Los empleados de TOMS desempacan los zapatos para regalar.

La empresa ha crecido y ahora vende gafas. Con un programa similar, se dona un par de gafas por cada par que se vende.

Mycoskie está satisfecho y sorprendido. "Siempre pensé que me dedicaría a ganar dinero la primera mitad de mi vida y a regalarlo el resto", dice. "Nunca pensé que podría hacer ambas cosas al mismo tiempo".

¡Retribuir es genial!

¿Alguna vez has visto un Hard Rock Café? La organización maneja restaurantes y hoteles. En 1990 puso en marcha una nueva **empresa** de caridad. Desde entonces, ha donado millones de dólares a varias causas. Su lema es "amar a todos, servir a todos".

Una manera como Hard Rock Café recauda **fondos** para caridad es mediante la venta de una línea de camisetas. El **proceso** comienza cuando una estrella de rock hace el diseño que irá estampado en las camisetas. Luego, estas se venden en internet. Parte del dinero que se recauda de las ventas de las camisetas se da para caridad.

Se incentiva la recaudación de dinero en los empleados de los locales de Hard Rock Café para su comunidad. Cada tienda lo hace de forma diferente.

Los locales de Hard Rock Café son exitosos y retribuyen a la comunidad.

Las cinco empresas de caridad más grandes

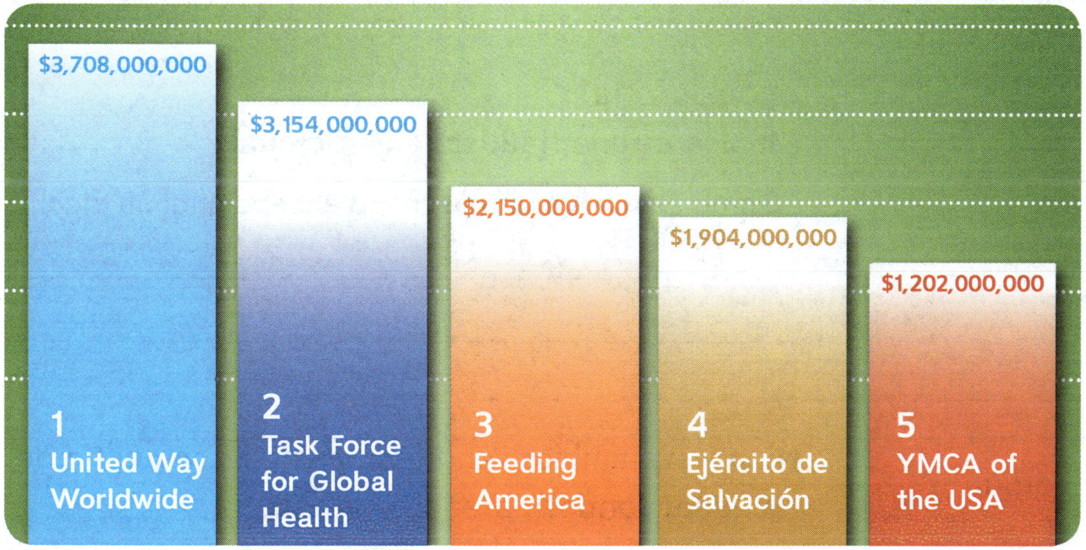

Los individuos y las empresas se comprometen a ayudar a las personas necesitadas. En esta gráfica se muestran las empresas de caridad estadounidenses que obtuvieron las mayores donaciones en 2016 y cuánto dinero recaudaron.

Source: The Chronicle Of Philanthropy

El restaurante de Hollywood, Florida, trabajó con algunos estudiantes **excepcionales** de dos escuelas secundarias de Florida. Juntos organizaron un evento con el fin de recaudar dinero para la Fundación Make-A-Wish. Esta fundación concede deseos a los niños que sufren problemas médicos graves.

El balance final

Las empresas piensan todos los días en formas innovadoras de retribuir a su comunidad. Si eres dueño de un negocio, es importante obtener ganancias. Sin embargo, ayudar a otros es tan importante como el balance final. ¡Ayudar a otros es buen negocio!

Resumir

Identifica la idea principal de cada sección de "Dólares con significado". Luego, emplea estas ideas para hacer un resumen general del texto.

TEXTO ARGUMENTATIVO

BUSCAR EVIDENCIAS

Leer

Gráficas y encabezados

Subraya el encabezado de la gráfica. ¿Qué empresa donó más dinero en 2016? Escribe la respuesta abajo.

____

Párrafos 1–2

Idea principal y detalles clave

Encierra en un cuadrado la oración en la que se resume la idea principal.

Releer

Técnica del autor

Cuando se dice "balance final", se habla de las ganancias de una empresa. ¿Cómo se relaciona eso con el juego de palabras del encabezado y el resto del texto?

Fluidez

Túrnate con un compañero para leer en voz alta el último párrafo. Presta atención a la puntuación. Así podrás frasear y mantener el ritmo.

Releer | LECTURA COMPARTIDA

Vocabulario

A partir de las oraciones que se dan como ejemplo, comenta con un compañero lo que significa cada palabra. Luego, responde las preguntas.

compasivo

Se sabe que una persona es **compasiva** porque se ocupa de las necesidades de los demás.

¿Cómo sabes que alguien es compasivo?

____

____

empresa

La **empresa** de Antonio fabrica canoas, kayaks y botes pequeños.

¿Qué puede hacer una persona cuando crea una nueva empresa?

____

____

excepcional

Mónica es una flautista **excepcional**.

¿Cómo se vuelve una persona excepcional en algo?

____

____

fondo

Nina y sus amigos vendieron pasteles con el fin de recaudar **fondos** para la biblioteca.

¿Para qué proyecto te gustaría recaudar fondos?

____

____

innovador

Samuel se divertía con la **innovadora** silla de ruedas.

¿Qué tecnología nueva crees que es innovadora?

____

____

Tu lista de palabras Subraya una palabra de "Dólares con significado" que te haya parecido interesante. En tu cuaderno de escritura, haz una red de palabras con las variaciones de esa palabra. Utiliza un diccionario impreso o en línea para saber el significado de las palabras.

proceso

Un paso importante del **proceso** de preparación de una tarta es amasar la corteza.

¿Cuál es uno de los pasos del proceso de preparación de galletas?

____

____

proyecto

El **proyecto** de construcción de la avenida fracasó por falta de fondos.

¿Qué proyecto es necesario desarrollar en tu escuela?

____

____

rutina

A Beatriz le gustaba mucho la **rutina** diaria de pasear a su perro.

¿Por qué es útil tener una rutina matutina?

____

____

Sufijos

Un **sufijo** es un afijo que se añade al final de una palabra para cambiar su significado. Revisa los siguientes sufijos.

-mente = indica cómo se realiza la acción

-dor = forma adjetivos y sustantivos

-ción = indica acción y efecto

BUSCAR EVIDENCIAS

Veo la palabra innovador *en la página 59 de "Dólares con significado". Al revisar las partes de la palabra, veo la palabra base* innovar. *El sufijo* -dor *forma adjetivos y sustantivos a partir de verbos. Esto me ayudará a descubrir el significado de* innovador.

Mycoskie puso en marcha inmediatamente su innovador programa uno por uno.

Tu turno Fíjate en los sufijos y las claves de contexto para deducir el significado de las siguientes palabras.

inmediatamente, página 59 ______________________________

recaudación, página 60 ______________________________

donaciones, página 61 ______________________________

Releer | LECTURA COMPARTIDA

Volver a leer

Cuando lees un texto argumentativo, puedes encontrar ideas e información nuevas para ti. Vuelve a leer las secciones de "Dólares con significado" para verificar que entendiste los datos y detalles clave del texto.

Acuérdate

Puedes volver a leer toda una página del texto o solo un párrafo. Vuelve a leer solamente las partes del texto que te permiten comprender mejor los detalles clave.

BUSCAR EVIDENCIAS

Al leer, es posible que quieras verificar si entendiste cómo un negocio puede ayudar a los demás. Vuelve a leer la sección "Corazones y suelas" de "Dólares con significado".

Página 59

> Mycoskie decidió que debía hacer algo. "Voy a comenzar una empresa de zapatos y por cada par que venda, daré otro par a un niño necesitado".

Leí que TOMS dona un par de zapatos por cada par que se vende. A partir de esta información, puedo inferir que cuantos más zapatos venda TOMS, más pares puede regalar.

COLABORA

Tu turno ¿Cuál es otro ejemplo de una empresa que retribuye a la comunidad? Vuelve a leer la página 60 para responder la pregunta. A medida que lees otras selecciones, recuerda utilizar la estrategia de Volver a leer.

___

___

Ariel Skelley/Blend Images

Gráficas y encabezados

"Dólares con significado" es un artículo persuasivo, un tipo de **texto argumentativo.** En este género, el autor expone su opinión en relación con un tema o presenta un argumento. Un artículo persuasivo es un texto de no ficción. En este, el autor incluye datos y ejemplos de fuentes confiables para sustentar su argumento. También emplea elementos del texto como **gráficas** y **encabezados.**

De lectores a escritores

Los autores utilizan gráficas y encabezados para que los lectores tengan una idea general de la información. ¿Cómo puedes utilizar gráficas y encabezados en tu texto?

BUSCAR EVIDENCIAS

En "Dólares con significado", el autor expone su opinión e intenta convencer a los lectores. También incluye encabezados y una gráfica en la que se muestra el dinero recaudado por varias empresas de caridad.

Página 61

Las cinco empresas de caridad más grandes

Los individuos y las empresas se comprometen a ayudar a las personas necesitadas. En esta gráfica se muestran las empresas de caridad estadounidenses que obtuvieron las mayores donaciones en 2016 y cuánto dinero recaudaron.

El restaurante de Hollywood, Florida, trabajó con algunos estudiantes **excepcionales** de dos escuelas secundarias de Florida. Juntos organizaron un evento con el fin de recaudar dinero para la Fundación Make-A-Wish. Esta fundación concede deseos a los niños que sufren problemas médicos graves.

El balance final

Las empresas piensan todos los días en formas innovadoras de retribuir a su comunidad. Si eres dueño de un negocio, es importante obtener ganancias. Sin embargo, ayudar a otros es tan importante como el balance final. ¡Ayudar a otros es buen negocio!

Resumir

Identifica la idea principal de cada sección de "Dólares con significado". Luego, emplea estas ideas para hacer un resumen general del texto.

Gráficas

Las gráficas te permiten visualizar información numérica. Con una gráfica de barras puedes comparar información.

Encabezados

Los encabezados te indican el tema de la sección.

COLABORA

Tu turno Escribe dos elementos del texto de "Dólares con significado". Menciona la información que aprendiste de cada uno de esos elementos.

Idea principal y detalles clave

La **idea principal** es la idea más importante que presenta un autor en un texto o en una sección de un texto. Los **detalles clave** incluyen información importante que sirve para sustentar la idea principal.

Acuérdate

Para descubrir la idea principal, pregúntate: "¿Cuál es el tema del texto?". Para descubrir los detalles clave, pregúntate: "¿Qué ejemplos importantes sustentan esta idea?".

BUSCAR EVIDENCIAS

Cuando vuelvo a leer el segundo párrafo de la sección "¡Retribuir es genial!" en la página 60 de "Dólares con significado", identifico los detalles clave. A continuación, pienso en lo que estos tienen en común. Luego, puedo descubrir la idea principal de la sección.

Idea principal
Hard Rock Café vende una línea de camisetas con el fin de recaudar fondos para caridad.
Detalle
Las estrellas de *rock* hacen el diseño que va estampado en las camisetas.
Detalle
Las camisetas se venden en internet.
Detalle
Parte del dinero que se recauda por las ventas de la camisetas se destina para caridad.

COLABORA

Tu turno Vuelve a leer la sección "Corazones y suelas" de las páginas 59 y 60 de "Dólares con significado". Busca los detalles clave en la sección y escríbelos en tu organizador gráfico de la página 67. Determina la idea principal a partir de los detalles clave.

Idea principal
Detalle
Detalle
Detalle

Responder a la lectura

COLABORA

Responde por escrito la siguiente pregunta. Piensa en el argumento principal del autor de que un negocio puede generar ganancias y ayudar a los demás al mismo tiempo. Consulta tus notas y el organizador gráfico.

¿Cómo emplea el autor los elementos del texto para sustentar su argumento de que un negocio puede generar ganancias y ayudar a los demás?

Acuérdate

Completa estas oraciones para organizar las evidencias del texto.

- *En los encabezados utiliza palabras como...*
- *En las fotografías...*
- *En la gráfica, el autor presenta...*
- *En la leyenda...*

Enlace gramatical

Recuerda utilizar las conjunciones correctas para que tu texto tenga sentido. Las conjunciones copulativas unen palabras, frases y oraciones para darles un significado conjunto. Pueden tener un sentido afirmativo o negativo. Por ejemplo:

Lucas ***y*** *Pedro no han visto gatos* ***ni*** *perros.*

Integrar | BÚSQUEDA E INVESTIGACIÓN

ESTUDIOS SOCIALES

Fuentes primarias y secundarias

Las **fuentes primarias** nos permiten aprender cosas del pasado. Una fuente primaria puede ser un documento original del período de estudio o el relato de alguien que presenció un suceso. Algunos ejemplos de fuentes primarias son:

- fotografías y mapas;
- cartas y pasajes de un diario;
- autobiografías.

En esta imagen se muestran dos fuentes primarias: una antigua fotografía y un diario. ¿Es una entrevista una fuente primaria o secundaria? ¿Por qué?

____

Las **fuentes secundarias** son creadas por alguien que no tiene un conocimiento de primera mano del tema. Las fuentes secundarias incluyen artículos de revistas, enciclopedias y documentales.

¿Qué otro ejemplo de fuente secundaria conoces? Escribe tu respuesta.

____

COLABORA

Haz una reseña biográfica Con un compañero o en grupo, elige un empresario, o líder de negocios, de tu estado. Escriban una reseña biográfica de esa persona.

- Empleen fuentes primarias y secundarias.
- Incluyan fotografías, diapositivas, audio y/o un video para presentar la información.
- Hagan una bibliografía, una lista de las fuentes que utilizaron.

Agreguen material visual a su trabajo y preséntenlo a la clase.

Releer | TEXTO PRINCIPAL

Niños emprendedores

Antología de literatura, páginas 44–47

¿Cómo te ayuda el autor a comprender lo que opina de los jóvenes emprendedores?

COLABORA

Coméntalo Vuelve a leer la página 45 de la **Antología de literatura.** Comenta con un compañero los negocios de Hayleigh y Joshua.

Cita evidencias ¿Qué oraciones indican lo que opina el autor de lo que hacen Hayleight y Joshua? Escribe las evidencias del texto en la tabla.

Evidencias del texto	Qué opina el autor

El público al que se dirige el texto argumentativo es ______________________

____

Escribe El autor muestra lo que opina de los jóvenes emprendedores al

____

____

Hacer inferencias

Los autores emplean ciertas palabras que te dan claves de lo que opinan de un tema. A medida que lees, pregúntate si las palabras del autor son positivas o negativas. Una palabra como *gran* tiene una connotación positiva, mientras que una palabra como *aburrido* tiene una connotación negativa. Para hacer una inferencia, utiliza las evidencias del texto y lo que sabes del tema. Esto te permitirá comprender el texto.

¿Por qué utiliza el autor una gráfica para mostrarte el dinero que ha recaudado Better World Books?

COLABORA

Coméntalo Vuelve a leer la sección "Por amor a un buen libro". Comenta con un compañero lo que aprendiste de la gráfica.

Cita evidencias ¿Cómo te permite la gráfica comprender que donar libros puede hacer la diferencia? Escribe las evidencias del texto.

Cómo funciona Better World Books	Lo que se muestra en la gráfica	Lo que significa la gráfica

Escribe El autor utiliza la gráfica para que yo pueda ____________________

____

____

Acuérdate

En las **gráficas** se muestra información numérica de manera visual. Hay muchos tipos de gráficas: de barras, circular, de líneas y de imagen. Los autores emplean un tipo de gráfica según la información del texto.

Evaluar información

Al leer un texto, evalúa los detalles que incluye el autor. Esto te permitirá identificar las ideas clave del texto.

Mira la gráfica. ¿Qué puedes decir de las ventas de libros a lo largo de los años? ¿Qué predicciones puedes hacer?

Releer

TEXTO PRINCIPAL

Responder a la lectura

COLABORA

Comenta esta instrucción. Al responder, ten en cuenta lo que sabes del punto de vista del autor. Consulta tus notas y el organizador gráfico.

¿De qué modo aclara el autor su punto de vista en esta lectura? Cita evidencias del texto.

Acuérdate

Completa estas oraciones para comentar y citar evidencias del texto.

- *En cada sección, el autor...*
- *Puedo inferir que...*

Mis lecturas

Elige un texto. Lee las dos primeras páginas. Si encuentras cinco o más palabras que no conoces, elige otro texto. Anota en tu cuaderno de escritura el título, el autor y el género del libro, así como tu propósito de leer. Por ejemplo, puedes leer para responder una pregunta o como pasatiempo.

Releer | LECTURA COMPLEMENTARIA

Antología de literatura, páginas 48-49

Cómo empezar un negocio exitoso

1 Convertirse en empresario es un trabajo duro. Pero si eres una persona dedicada y tienes excelentes habilidades organizativas, puede ser gratificante. A veces, ¡una idea pequeña se puede convertir en un negocio muy exitoso! Neale S. Godfrey, autora de *Ultimate Kids' Money Book,* nos brinda estos consejos para empezar un negocio próspero.

2 **Paso 1 Tener una idea innovadora**

Supongamos que te gustan los perros, tienes tiempo libre y eres **compasivo** con las personas ocupadas. ¿Por qué no comenzar un servicio de paseo de perros?

Vuelve a leer el fragmento y toma notas en el texto.

Subraya las palabras y frases del párrafo 1 en las que el autor dice lo que se necesita para ser emprendedor. Escribe aquí tus respuestas.

1 ______________________

2 ______________________

3 ______________________

Vuelve a leer el párrafo 2. Comenta con un compañero cómo el autor te ayuda a entender el significado de *innovadora.*

Encierra en un círculo las claves de la ilustración que sirven para sustentar la idea del texto.

Eric Larsen

Releer

LECTURA COMPLEMENTARIA

¿Cómo puedes comprender los pasos para comenzar un negocio a partir de las ilustraciones?

COLABORA

Coméntalo Vuelve a leer el fragmento de la página 73. Comenta con un compañero la ilustración y lo que se muestra en ella.

Cita evidencias ¿Qué información adicional puedes obtener de la imagen? Escribe las claves en la tabla.

Evidencias del texto	Claves de la imagen

Escribe La ilustración me permite aprender más sobre cómo comenzar un negocio porque ______________________

____

____

____

Evaluar información

Evaluar las fotografías y las ilustraciones de un texto te ayuda a comprender mejor lo que estás leyendo. Pregúntate:

- *¿Por qué incluyó el autor esta imagen?*
- *¿Qué puedo comprender del tema a partir de la imagen?*

Eric Larsen

Instructivo

En un **instructivo** se explica cómo hacer algo o se dan los pasos de un proceso. Un instructivo suele tener:

- instrucciones de cómo hacer algo;
- pasos que se deben seguir;
- imágenes o diagramas en los que se muestran los materiales o la forma de realizar un paso del proceso.

De lectores a escritores

Puedes incluir un instructivo en tu texto. Si quieres explicar un proceso o cómo hacer algo, considera enumerar los pasos que se deben seguir. También puedes hacer una tabla en la que menciones los pasos e incluir imágenes para ilustrar cada uno de ellos.

BUSCAR EVIDENCIAS

En la página 49 de "Cómo empezar un negocio exitoso", el autor incluye un instructivo para explicar cómo ser un joven emprendedor. Al enumerar y describir cada paso del proceso, el autor explica los pasos de forma clara.

Paso 1 Tener una idea innovadora.

Paso 2 Averiguar si tu negocio tiene posibilidades de éxito.

Paso 3 Elaborar un plan de negocios y un presupuesto.

Paso 4 Contactar a los consumidores potenciales.

Paso 5 Llevar las cuentas de tu negocio.

COLABORA

Tu turno Vuelve a leer los pasos que debes seguir para empezar un negocio en la página 49 de la **Antología de literatura**.

- ¿Cómo influye la estructura de pasos en la idea de comenzar un negocio? ______________________

Eric Larsen

Integrar | HACER CONEXIONES

Conexiones del texto

¿Qué mensaje transmiten los autores del *Blast* "Ayudar a otros es buen negocio", "El niño molinero", *Niños emprendedores* y "Cómo empezar un negocio exitoso" acerca de dirigir un negocio?

COLABORA

Coméntalo Con un compañero, lee "El niño molinero", una canción folclórica tradicional. Un molinero era la persona que molía el trigo para obtener harina y venderla. Comenta con un compañero cómo se cuenta en la canción lo que hace el niño molinero para ganar dinero.

Cita evidencias **Encierra en un círculo** las claves de la canción que te permiten comprender cómo el niño molinero maneja su negocio.

Escribe Los autores de la canción y de las selecciones de esta semana quieren que sepas que

____

____

____

____

____

____

____

____

Acuérdate

Hay muchas palabras positivas en la canción, como *feliz, buena voluntad* y *riqueza.* Los lectores pueden entender el mensaje positivo del molinero y su negocio a partir de estas palabras. Luego, pueden comparar este mensaje con el de otros textos que han leído.

El niño molinero

Oh, qué feliz es el niño molinero
que vive en el molino, recibe su cuota
con buena voluntad; una mano en el
embudo y la otra en el costal,
las damas dan un paso al frente
y los hombres uno atrás.

Oh, qué feliz es el niño molinero
que vive en soledad, mientras gira la
rueda, recoge su riqueza en cantidad;
una mano en el embudo y la otra en el
costal, mientras gira la rueda, los niños
caminan hacia atrás.

—Canción de ronda, de Indiana

Fraseo y ritmo

La forma como leemos un texto influye en nuestra comprensión de las ideas. Las comas, las comillas y otros signos de puntuación indican el **fraseo,** o la forma como están agrupadas las ideas. El **ritmo,** por otro lado, es la velocidad a la que lee una persona. Cuando los lectores ven que la información es fácil de leer, a veces leen más rápido. Prestar atención al fraseo y al ritmo puede facilitar la comprensión de un texto.

Acuérdate

Los autores suelen emplear las comas y las citas textuales para destacar información importante o fragmentos del texto que el lector podría leer más despacio.

Página 60

Mycoskie está satisfecho y sorprendido. "Siempre pensé que me dedicaría a ganar dinero la primera mitad de mi vida y a regalarlo el resto", dice. "Nunca pensé que podría hacer ambas cosas al mismo tiempo".

Las comillas indican una cita textual, es decir, las palabras exactas que dijo alguien. Los lectores pueden modular el ritmo y leer más despacio, con las pausas que haría el hablante. Así se logra el fraseo correcto.

COLABORA

Tu turno Vuelve a las páginas 59 y 60. Túrnate con un compañero para leer la sección "Corazones y suelas" en voz alta. Presta atención al fraseo y ritmo de tu lectura. ¿Cómo le indica el autor al lector que viene información importante? ¿Cómo le ayuda a leer más despacio?

Luego, piensa en lo que hiciste. Completa estas oraciones.

Recordé ____

____

La próxima vez ____

____

ESCRITURA

Texto modelo

Antología de literatura, páginas 44–47

Características del ensayo de opinión

Un ensayo de opinión es un tipo de texto argumentativo. El autor presenta su opinión de un tema y trata de convencer al público de llegar a la misma conclusión. En un texto argumentativo, el autor:

- expresa claramente su opinión de un tema;
- da razones y evidencias que sustentan esa opinión;
- llega a una conclusión.

gramatiNOTAS

El autor emplea palabras de estudios sociales, como *patentes, organización* y *negocios* (página 45), y *producto, gerente* y *caridad* (página 46), para mostrar que estos niños trabajan en empresas de verdad.

Analiza el texto modelo Estudiar textos argumentativos te servirá para aprender a escribir un ensayo de opinión. **Vuelve a leer** la página 45 de la **Antología de literatura**. Escribe tus respuestas abajo.

¿Qué piensa el autor de *Niños emprendedores* de los jóvenes empresarios? ______________________________

¿Qué evidencias ofrece el autor para sustentar esa opinión?

____

____

Identifica el público de este artículo. Explica tu respuesta.

____

____

____

Planificar: Elige un tema

COLABORA

Lluvia de ideas Con un compañero o en un grupo pequeño, comenta cuánto tiempo de receso les dan en la escuela. ¿Por qué creen que les deberían dar más (o menos) tiempo? Escribe abajo algunas de las razones.

____

____

____

Instrucción de escritura Escribe un ensayo de opinión en el que expliques cuánto tiempo de receso crees que deberían tener los estudiantes a la semana.

Mi opinión es que los estudiantes deberían tener ______________

____

Propósito y público El **propósito de un autor** es su razón principal para escribir un texto. Mira los tres propósitos de escritura que se muestran abajo. Subraya tu propósito a la hora de escribir un artículo persuasivo.

informar o aprender   persuadir o convencer   entretener

Piensa en el **público** de tu ensayo. ¿Será tu audiencia los maestros o el director de la escuela? ¿Qué clase de evidencias, hechos y ejemplos los convencerían de que el receso es bueno (o malo) para los estudiantes?

Planifica En tu cuaderno de escritura, haz una tabla de razones y evidencias para planificar tu texto. Utiliza la lista que hiciste arriba para llenar las cajas con razones y evidencias que sustentan tu opinión.

Acuérdate

Para identificar las razones y evidencias que sustentarán tu opinión, pregúntate:

- *¿Qué argumentos puedo dar para sustentar mi opinión?*
- *¿Qué hechos puedo presentar para sustentar mis argumentos?*
- *¿Qué ejemplos puedo dar para sustentar mis argumentos?*

Razones	Evidencias

Planificar: Principio interesante

Declara tu opinión Una introducción interesante capta la atención del lector porque en ella se declara con claridad una opinión, o argumento, de un tema. Lee abajo la introducción de *Niños emprendedores* en la página 45 de la **Antología de literatura.**

> Comenzar un negocio es un gran proyecto. Por esta razón, estos jóvenes empresarios que ayudan a los demás son muy asombrosos.

El autor emplea adjetivos como *gran* y *asombrosos* para destacar lo que piensa del tema. Toma la declaración de opinión de arriba como modelo y escribe la introducción de tu ensayo.

____

____

____

Investiga ventajas y desventajas Utiliza recursos en línea o impresos para investigar hechos que sustenten las ventajas y desventajas de tener más o menos tiempo de receso. Anota las razones y las evidencias en tu tabla.

Recursos digitales

Para obtener más información sobre cómo escribir una opinión, entra en **my.mheducation.com** y mira el video "Frase de opinión".

Hacer un borrador

Razones y evidencias Los autores sustentan sus opiniones con razones, hechos y evidencias. El autor de "Dólares con significado", en las páginas 58-61, afirma que las empresas pueden ayudar a los demás y ganar dinero al mismo tiempo. Lee el párrafo de abajo de "Dólares con significado".

> Una manera como Hard Rock Café recauda fondos para caridad es mediante la venta de una línea de camisetas. El proceso comienza cuando una estrella de rock hace el diseño que irá estampado en las camisetas. Luego, estas se venden en internet. Parte del dinero que se recauda de las ventas de las camisetas se da para caridad.

Encierra en un cuadrado la oración en la que se enuncia la idea principal del párrafo. Luego, **subraya** las evidencias que sustentan esta idea. ¿Cómo se presentan las evidencias que sustentan la opinión del autor de que las empresas pueden ganar dinero y ayudar a los demás al mismo tiempo? Escribe abajo tu respuesta.

____

____

____

Haz un borrador Usa tu tabla de razones y evidencias para escribir un borrador en tu cuaderno de escritura. Piensa en los hechos y ejemplos que quieres incluir en tu ensayo para sustentar tu opinión.

gramatiNOTAS

Al escribir una opinión, puedes emplear palabras conectoras para que tu público pueda distinguir un hecho de una opinión. *Según estudios de investigación, se ha demostrado que* y *estadísticamente* son frases y palabras que le indican a los lectores que estás presentando un hecho. *Me parece que, en mi opinión* y *creo que* son frases que le indican a los lectores que estás presentando una opinión.

Revisar

Transiciones Los autores emplean palabras y frases de transición para conectar las ideas. Palabras y frases como *sin embargo, además, aunque, por tanto* y *en consecuencia* sirven para mostrar la relación entre las ideas de un ensayo de opinión. Lee el párrafo de abajo. Añade palabras o frases de transición para conectar las ideas.

> Yo debería tener un teléfono celular. El próximo otoño estaré en quinto grado. Ahora tendré que ir a la escuela caminando. El trayecto dura veinte minutos. Tendré que llamarte si hay una emergencia. Los teléfonos celulares son costosos. Puedes darme tu viejo teléfono celular.

Acuérdate

Lee tu ensayo en voz alta. Esto te permitirá saber si tus ideas están conectadas o si debes usar una palabra o frase de transición. También te permitirá descubrir otros errores, como una palabra o un signo de puntuación mal escritos.

Revisión Al revisar tu borrador, vuelve a leer la introducción para asegurarte de que hayas presentado tu opinión con claridad. Comprueba que hayas incluido suficientes hechos y ejemplos que sustenten tu opinión. Menciona al menos un contraargumento, es decir, un argumento que podría postular alguien que no comparte tu opinión. Luego, refuta el contraargumento con evidencias. Usa transiciones para conectar las ideas.

Charlas entre compañeros

COLABORA

Revisión del borrador Escucha con atención mientras tu compañero lee su trabajo en voz alta. Anota lo que te gustó y lo que fue difícil de entender. Luego, coméntalo. Haz preguntas que ayuden a tu compañero a reflexionar sobre lo que escribió. Haz sugerencias para mejorar el texto. Usa estas oraciones como guía para la charla:

Me gustó tu introducción porque...

Creo que debes sustentar con más hechos la idea de que...

Tal vez podrías emplear una mejor palabra de transición en...

Sugerencias de compañeros Cuando tu compañero haya comentado tu borrador, escribe una de las sugerencias que aplicarás. Consulta la tabla de pautas de evaluación de la página 85.

A partir de las sugerencias de mi compañero... ______________________

____

____

____

Luego de la charla entre compañeros, reflexionen. ¿Resultó útil el intercambio? ¿Qué podrían hacer de otro modo la próxima vez?

Revisión Al revisar tu borrador, consulta las sugerencias de comprobar la revisión para determinar qué partes del texto debes mejorar. Consulta las pautas de evaluación en la página 85.

Comprobar la revisión

- ☐ ¿Tiene mi escrito una introducción interesante?
- ☐ ¿Incluí suficientes hechos y ejemplos que sustenten mis argumentos?
- ☐ ¿Utilicé correctamente las palabras y frases de transición para conectar las ideas?
- ☐ ¿Tiene mi escrito un buen final?

Corregir

Al **corregir** tu texto, tienes que buscar errores de ortografía, de puntuación, de uso de mayúsculas y de otros aspectos gramaticales. Si lees un borrador varias veces, estarás seguro de no pasar por alto ningún error. Fíjate en las sugerencias de comprobar la corrección.

Comprobar la corrección

- ☐ ¿Comienzan todas las oraciones con mayúscula y tienen los signos de puntuación adecuados?
- ☐ ¿Hay concordancia entre el sujeto y el verbo?
- ☐ ¿Se utilizan correctamente las comas y las palabras y frases de transición?
- ☐ ¿Se utilizan correctamente los pronombres posesivos?
- ☐ ¿Comienzan con mayúscula los nombres propios?
- ☐ ¿Están todas las palabras y los sufijos escritos correctamente?

Escribe dos errores que hayas encontrado al corregir el texto.

1 ______________________________

____

2 ______________________________

____

Acuérdate

Al corregir tu ensayo, no intentes leerlo para encontrar el significado. En cambio, presta atención a cada oración y revisa la ortografia, la puntuación y la gramática. A medida que lees, pasa el lápiz de palabra en palabra para encontrar errores.

Enlace gramatical

Recuerda que algunos sustantivos se forman agregando un prefijo o un sufijo a otro sustantivo. Un prefijo es un elemento que se añade al comienzo de una palabra; un sufijo se añade al final. Ambos modifican el significado de la palabra original. En un diccionario podrás comprobar si has escrito correctamente una palabra a la que le has agregado un sufijo o un prefijo.

Publicar, presentar y evaluar

Publicación Al **publicar** tu texto, muestra una copia limpia, clara y sin errores. Asegúrate de escribir tu trabajo en cursiva y de forma legible. Si agregas elementos visuales, tu texto resultará más interesante. Considera incluir ilustraciones, fotos, gráficas y tablas.

Presentación Cuando estés listo para **presentar** tu trabajo, ensaya tu presentación. Como guía, lee las pautas de comprobar la presentación. Expresa tus opiniones hablando alto, con un volumen apropiado.

Evaluación Después de publicar tu texto, lee las pautas de evaluación que se muestran abajo para **evaluar** tu texto.

¿Qué aspectos son satisfactorios? ____________________

¿Qué partes requieren más trabajo? ____________________

____

Comprobar la presentación

- ☐ Párate erguido y sonríe.
- ☐ Haz contacto visual con el público.
- ☐ Destaca las secciones de tu ensayo en las que se enuncia tu opinión con claridad.
- ☐ Habla a un volumen lo suficientemente alto para comunicarte apropiadamente.
- ☐ Responde las preguntas cortésmente, con detalles de tu tema.

4	3	2	1
• La opinión es clara y está sustentada por hechos y otras evidencias. • El propósito del autor es persuadir a los lectores. • El texto tiene una introducción interesante y un buen final.	• La opinión es clara y está sustentada en gran parte por hechos y otras evidencias. • En gran parte del texto, el propósito del autor es persuadir a los lectores. • El texto tiene una introducción y un final aceptables.	• La opinión está sustentada por pocos hechos y evidencias. • El autor intenta persuadir a los lectores. • El texto no tiene información clave ni en la introducción ni en el final.	• La opinión no está sustentada por hechos ni evidencias. • El autor no intenta persuadir a los lectores. • La introducción no es interesante y el ensayo no tiene un final.

LO QUE APRENDISTE

Repaso en espiral

En la Unidad 1 has estudiado destrezas y estrategias que te permitirán convertirte en un lector más crítico. Ahora es momento de poner en práctica lo que aprendiste.

- **Propósito del autor**
- **Estructura del texto de comparar y contrastar**
- **Diagramas**
- **Diálogo**
- **Modismos**
- **Idea principal y detalles**
- **Problema y solución**
- **Sufijos**

Conectar con el contenido

- **Hacer un diagrama de Venn**
- **Hacer un cartel persuasivo**
- **Hacer una tarjeta de hechos**

Lee la selección y elige la respuesta correcta a cada pregunta.

Accidentes geográficos formados por LA METEORIZACIÓN Y LA EROSIÓN

1 En el cañón de Palo Duro, Texas, las franjas rojas, cafés y blancas son reflejo de años de historia. Los caminantes admiran las formaciones rocosas en sus travesías. Los visitantes quedan asombrados con el tamaño, la profundidad y la extraordinaria belleza de este cañón que se formó por meteorización y erosión.

Meteorización

2 La meteorización es un proceso lento en el que las rocas se descomponen en piezas más pequeñas. Algunas de sus causas son la lluvia, el viento, el hielo y las corrientes hídricas. ¿Alguna vez has notado las secciones irregulares de las montañas? Son consecuencia de la meteorización.

Erosión

3 En contraste, la erosión es el movimiento de las rocas y el suelo por acción del viento, el agua, la gravedad o el hielo. La gravedad provoca que las rocas se muevan hacia abajo. La lluvia lleva las partículas de las rocas a los ríos y luego la corriente las arrastra. Las partículas en el agua transforman rocas en valles, pero eso toma mucho tiempo.

4 El viento y el hielo también provocan erosión. Para que el viento pueda mover partículas de rocas y del suelo se requiere una gran cantidad de energía. Los fuertes vientos pueden descomponer rocas grandes en fragmentos más pequeños. Luego, el agua puede transportar esos fragmentos. El tipo de roca y la intensidad del viento tienen un impacto en la velocidad a la que se genera la erosión. Por ejemplo, las rocas duras tardan más en erosionarse que las más blandas. Sin embargo, ninguna roca se salva de la erosión. Al igual que el viento, el hielo también tiene la capacidad de erosionar los accidentes geográficos. El hielo y las grandes capas de hielo, o *glaciares,* desplazan las rocas del suelo. Un glaciar raya, rompe o se lleva todo a su paso.

"El gran cañón de Texas"

5 Palo Duro hace referencia a un pedazo de madera maciza. Es el segundo cañón más grande de Estados Unidos. Al igual que otros cañones, Palo Duro se formó por la erosión. El arroyo arenoso Prairie Dog Town Fork del valle del río Rojo formó el hermoso paisaje y las estructuras rocosas. Las franjas a lo largo de las paredes muestran cuatro periodos históricos, que en conjunto suman más de 240 millones de años. Palo Duro se ha convertido en una maravilla del estado de Texas gracias a la meteorización y la erosión.

Cañón de Palo Duro	Gran Cañón
120 millas de largo	277 millas de largo
20 millas de ancho (máx.)	18 millas de ancho (máx.)
800–1,000 pies de profundidad	6,000 pies de profundidad (máx.)

LO QUE APRENDISTE

1. Vuelve a leer los párrafos 2 y 3. ¿Qué estructura utiliza el autor?
   - **A** secuencia
   - **B** hacer inferencias
   - **C** comparar y contrastar
   - **D** problema y solución

2. El sufijo *-dad* significa "cualidad de". Esta información permite inferir que la palabra *capacidad* en el cuarto párrafo significa
   - **F** incapaz de hacer algo.
   - **G** estar de buen humor.
   - **H** no ser útil.
   - **J** capaz de hacer algo.

3. Lee el diagrama de la página 87. ¿Qué ocasiona el desplazamiento de las rocas y el suelo?
   - **A** la meteorización
   - **B** las rocas
   - **C** la erosión
   - **D** los relámpagos

4. ¿Cuál de las siguientes es la idea principal del texto?
   - **F** La erosión es la causa principal de la meteorización.
   - **G** Con el tiempo, la meteorización y la erosión forman cañones.
   - **H** La meteorización afecta el clima del cañón.
   - **J** La erosión provoca la meteorización en el cañón Palo Duro.

Acuérdate

Para hallar la idea principal de un texto, busca el punto más importante que expone el autor en el primer párrafo.

Lee la selección y elige la respuesta correcta a cada pregunta.

Ventas, ganancias, ahorros y regalos

1 Esteban y Violeta organizaron una venta de bisutería en el jardín de su casa. Desde hace una semana, han estado haciendo collares, aretes, pulseras y llaveros.

2 Esta semana la rutina de Esteban y Violeta al llegar de la escuela ha sido: lavarse las manos, comer, hacer tareas y, luego, ¡bisutería! Cualquiera diría que han dejado la piel en este proyecto.

3 En la escuela, han puesto carteles promocionales. Violeta los hizo y Esteban los pegó en las paredes.

4 El día de la venta, Esteban y Violeta se levantan muy temprano. Llevan al jardín una mesa y le ponen un cartel con los precios de los productos.

5 En los carteles que pusieron en la escuela decía que la venta iniciaba a las diez de la mañana. Ya son las nueve y media y aún faltan un par de detalles por ajustar.

6 —¿Dónde pondremos el dinero? —pregunta Esteban.

7 —En esta caja —responde Violeta—. Le he hecho unos separadores con cartón para poder organizar los billetes y las monedas más fácilmente.

8 La venta comienza. El jardín de Esteban y Violeta está a reventar. Incluso el director de la escuela pasa a saludarlos y compra algo: una pulsera para su hija.

9 Ya en la tarde, la venta se termina antes de lo previsto: Esteban y Violeta han vendido todo. Los niños están extenuados, pero satisfechos con el trabajo.

10 Esteban y Violeta entran la mesa a la casa y se sientan a contar el dinero. Una vez lo cuentan, lo agrupan.

11 —¿Para qué lo separan? —pregunta su mamá.

12 Los niños se miran entre sí, se sonríen y dicen:

13 —Hemos decidido hacer nuestro propio negocio para aplicar lo que hemos aprendido en la escuela —responde Violeta.

14 —Sí —dice con seguridad Esteban—. Vimos que no podremos ahorrar tanto como quisiéramos. Así que abrimos la alcancía e invertimos lo ahorrado en materiales para hacer la bisutería.

15 —Y ahora —afirma Violeta— estamos separando el dinero: este montón es lo que invertimos, que volverá a la alcancía; estas dos pilas corresponden a lo que cada uno ganó; y este otro grupo es lo que ahorraremos para... ¡ir de vacaciones donde la abuela!

16 —Me parece genial que hayan aprendido a invertir y ahorrar —dice su mamá—. Su papá y yo hacemos lo mismo, y también tenemos nuestra propia alcancía para ir de vacaciones.

17 Y agrega:

18 —La abuela se pondrá feliz de verlos y saber que han pensado en ella para ser tan disciplinados. Vamos de paseo para celebrar lo que han aprendido en la escuela.

1 Vuelve a leer el párrafo 2. ¿Qué significa la expresión "cualquiera diría que han dejado la piel en este proyecto"?

A Se han esforzado mucho y han puesto todo su empeño para que el proyecto salga bien.

B Se han enfermado de alergias en la piel a causa de la elaboración de sus productos.

C Han perdido un poco de peso por tanto trabajo.

D Han hecho otras cosas mientras elaboraban los productos.

2 ¿Cuál es el objetivo del proyecto de Esteban y Violeta?

F aplicar lo aprendido en la escuela para ahorrar una mayor cantidad de dinero

G dotar de artículos de bisutería a sus compañeros de escuela

H ahorrar para poder comprar un nuevo computador

J comprar muchas golosinas

3 Según la información del párrafo 15, ¿qué han aprendido Violeta y Esteban?

A a malgastar las ganancias de su proyecto de bisutería

B a ahorrar e invertir las ganancias y no gastarlas en algo improductivo

C a irse de viaje cuando un proyecto se termina

D a convencer a sus compañeros de comprar sus productos

4 En el párrafo 18, ¿cuál palabra es un sinónimo de *disciplinados?*

F curiosos

G rebeldes

H ordenados

J despistados

Acuérdate

Si no estás seguro de lo que se está preguntando, asegúrate primero de que entiendes el significado de todas las palabras de la pregunta. Utiliza claves de contexto para descubrir el significado de las palabras desconocidas.

AMPLÍA LO QUE APRENDISTE

PROBLEMA Y SOLUCIÓN

COLABORA

La trama es lo que sucede en un relato. Por lo general, incluye un problema y una solución. Los elementos de la trama son: problema, conflicto, clímax, desenlace y solución.

El **Problema** es la situación a la que se enfrenta el protagonista. El **Conflicto** es lo que sucede a medida que se desarrolla el problema. El **Clímax** es el momento en el que se enfrenta el problema. Es el punto de inflexión del relato. El **Desenlace** es lo que sucede justo después del clímax. La **Solución** es cuando el problema se resuelve.

Elige uno de los relatos de la Unidad 1 o algún relato que conozcas. Analízalo y completa la tabla.

Problema

↓

Conflicto

↓

Clímax

↓

Desenlace

↓

Solución

PALABRAS HOMÓFONAS

COLABORA

Las **palabras homófonas** se escriben y se pronuncian igual, pero tienen significados distintos. *Sal* es una sustancia que se utiliza para sazonar y conservar los alimentos, pero también es el imperativo del verbo *salir*. Por ejemplo: *Sal a jugar al parque.*

Escribe los significados de las siguientes palabras con la ayuda de un diccionario en línea.

banco

Definiciones: ______________________________

llama

Definiciones: ______________________________

MIS LECTURAS

COLABORA

Elige un tema sobre el que te interese aprender más. Luego, elige un libro sobre el tema para leer de forma independiente. Cuando termines de leer, decide qué género utilizarás para escribir tu respuesta. Por ejemplo, puedes escribir otro capítulo, un informe de un libro o una carta desde el punto del personaje principal. Escribe la respuesta en tu cuaderno de escritura. Escribe abajo el título, el género y el tema del libro.

Título: ______________________________

Género: ______________________________

Tema: ______________________________

AMPLÍA LO QUE APRENDISTE

HACER UN DIAGRAMA DE VENN

COLABORA

ESTUDIOS SOCIALES

En los diagramas de Venn se muestra en qué se parecen y en qué se diferencian dos cosas.

- Investiga dos festivales que se celebren en tu estado y compáralos en un diagrama de Venn. Consulta diversas fuentes.
- Escribe hechos y detalles de cada festival en uno de los círculos que dicen "Diferente".
- Describe en qué se parecen los festivales en el círculo que dice "Parecido".

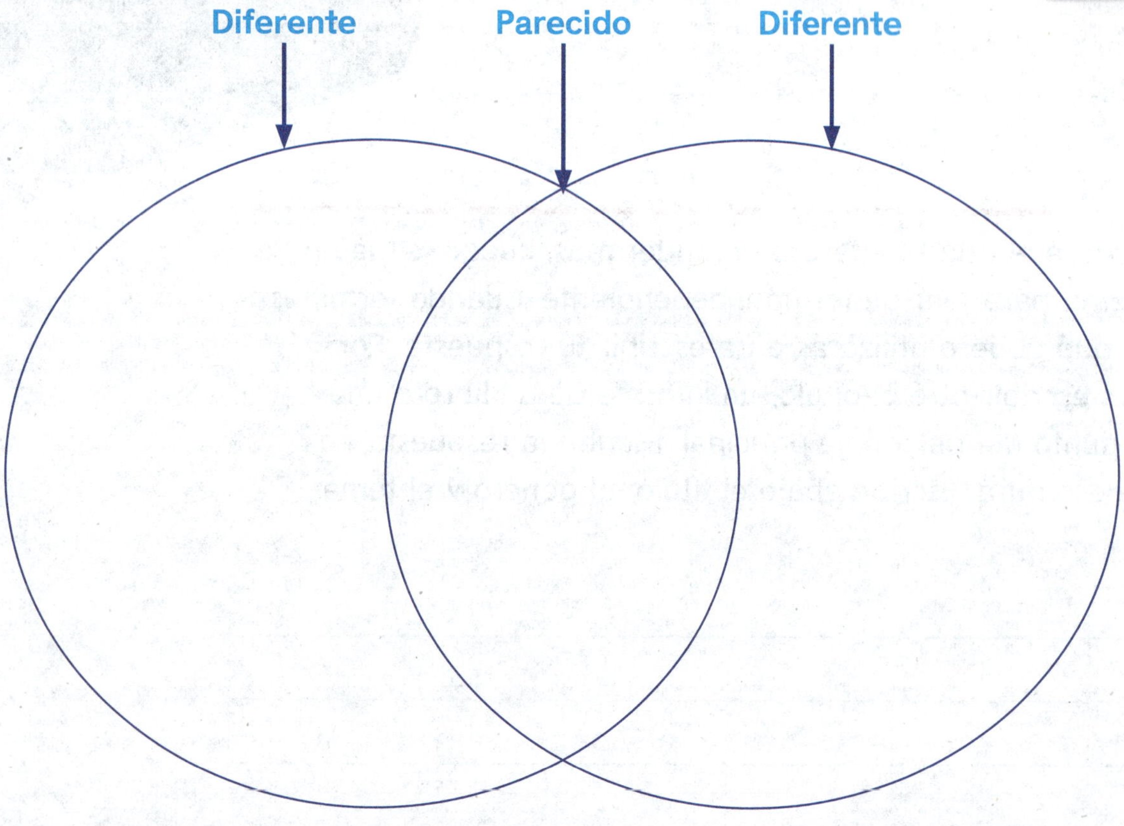

A.T. Willet/Alamy Stock Photo

HACER UN CARTEL PERSUASIVO DE LAS DUNAS DE ARENA

CIENCIAS

COLABORA

El propósito de un **cartel persuasivo** es convencer a las personas de hacer algo específico. Por ejemplo, un cartel del ahorro de energía puede incluir sugerencias para reducir el consumo de electricidad. Para que tu cartel sea efectivo, debes emplear hechos que sustenten tu argumento. Puedes presentar hechos mediante diagramas, tablas e ilustraciones.

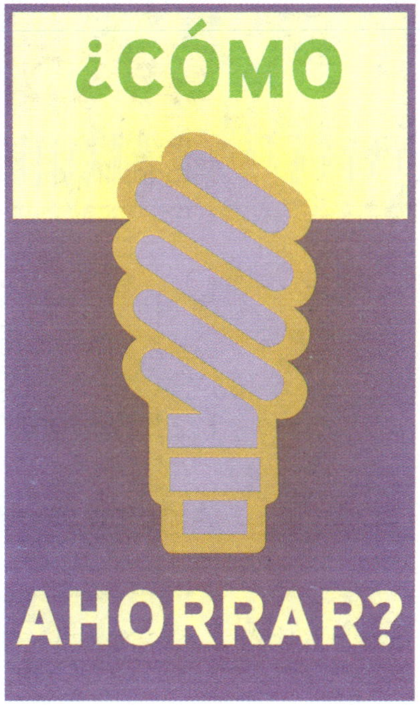

Tu cartel para salvar las dunas de arena debe incluir:

- un diagrama en el que expliques cómo se erosionan las dunas;
- un pequeño párrafo en el que describas el impacto que la erosión de las dunas de arena tiene en el ecosistema;
- una medida que podrían tomar las personas para ayudar a salvar las dunas de arena.

Escribe abajo las ideas para el cartel.

____

Mi cartel convencerá a los lectores al ______________________

HACER UNA TARJETA DE HECHOS

En una **tarjeta de hechos** aparecen imágenes del tema y datos interesantes que lo complementan. También se pueden incluir títulos.

- Investiga sobre los glaciares y los cambios que han provocado en la Tierra.
- Haz una tarjeta de hechos en línea o impresa a partir de tu investigación.
- Presenta tu tarjeta a un compañero o a un grupo pequeño.

Un hecho interesante que aprendí de los glaciares es ______________

EVALÚA TU PROGRESO

¿QUÉ APRENDÍ?

Lee las pautas de evaluación para que califiques tu dominio de las destrezas de esta unidad. Escribe la puntuación más abajo, en cada destreza.

4	3	2	1
Identifico correctamente todos los ejemplos de esta destreza.	Identifico la mayoría de los ejemplos de esta destreza.	Identifico algunos ejemplos de esta destreza.	Debo trabajar más en esta destreza.

☐ Comparar y contrastar

☐ Problema y solución

☐ Idea principal y detalles

☐ Palabras con significados múltiples

☐ Modismos

☐ Sufijos

Algo en lo que debo trabajar más es en ________________ porque

____

____

____

El texto y tú Piensa en los textos que has leído en esta unidad. Elige uno y escribe un párrafo breve en el que expliques una conexión personal que hayas establecido con el texto.

Hice una conexión personal con ____________ porque ____________

____

____

____

____

ESTUDIOS SOCIALES

Presenta tu apunte biográfico

COLABORA

Planifica el modo en que presentarás a la clase tu apunte biográfico. Cuando practiques la presentación, aplica las estrategias que se dan a la derecha. Comenta las oraciones de abajo y escribe tus respuestas.

Uno de los datos interesantes que aprendí del emprendedor que elegí es

____

____

____

Me gustaría saber más acerca de ______________________________

____

____

____

Acuérdate

Al planear tu presentación, reserva algo de tiempo para las preguntas y comentarios del público. La práctica te ayudará a perfeccionar la presentación y te dará la confianza necesaria para hacerlo lo mejor posible.

Comprobar la presentación

- ☐ Haz contacto visual con diferentes personas del público.
- ☐ Incluye la lista de las fuentes primarias y secundarias que utilizaste.
- ☐ Asegúrate de que el público pueda oír y ver claramente cualquier pieza audiovisual.
- ☐ Revisa tus diapositivas para encontrar cualquier error gramatical o de puntuación.

Coméntalo

Pregunta esencial

¿Qué ayuda a un animal a subsistir?

Observa el camaleón de la fotografía. Este animalito se adapta a su entorno para subsistir en la naturaleza. El camaleón puede cambiar el color de su piel para camuflarse y no ser visto por depredadores. También puede envolver su larga cola alrededor de las ramas de los árboles.

Piensa en otras características del camaleón. Decríbelas y explica cómo le ayudan a subsistir. Luego, habla con un compañero de otros animales y de la manera como se adaptan a su entorno para subsistir.

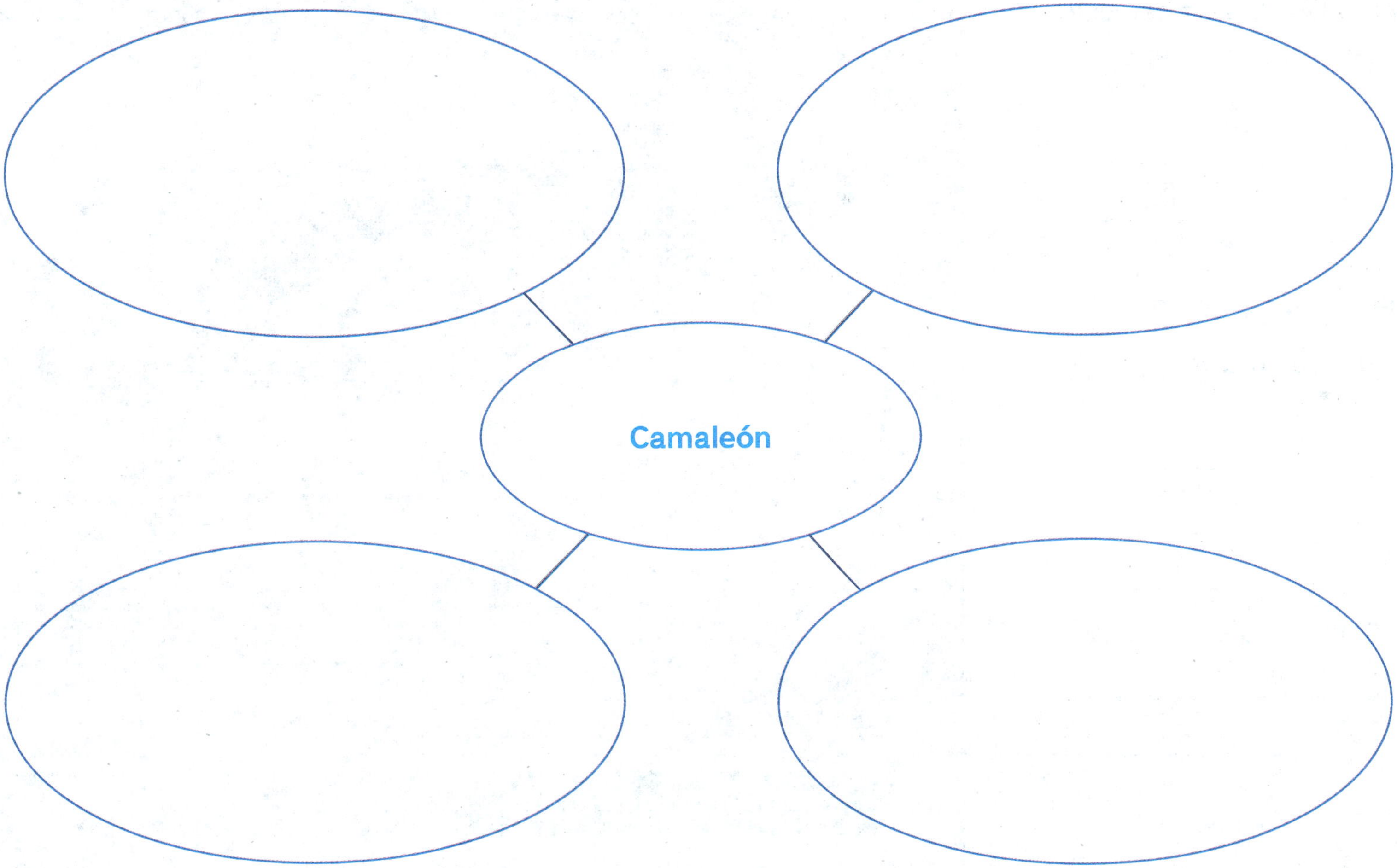

Ve a **my.mheducation.com** y lee el *Blast* "Oculto a plena vista". ¿Cómo se camuflan los animales para subsistir en su medioambiente? Comenta tus respuestas al *Blast*.

LECTURA COMPARTIDA

TOMA NOTAS

Da un vistazo preliminar al texto. Lee el título, los encabezados y las leyendas, y observa las imágenes. Luego, haz una predicción sobre lo que aprenderás de esta selección. Escribe tu predicción abajo.

A medida que lees, anota:

Palabras interesantes:

Detalles clave:

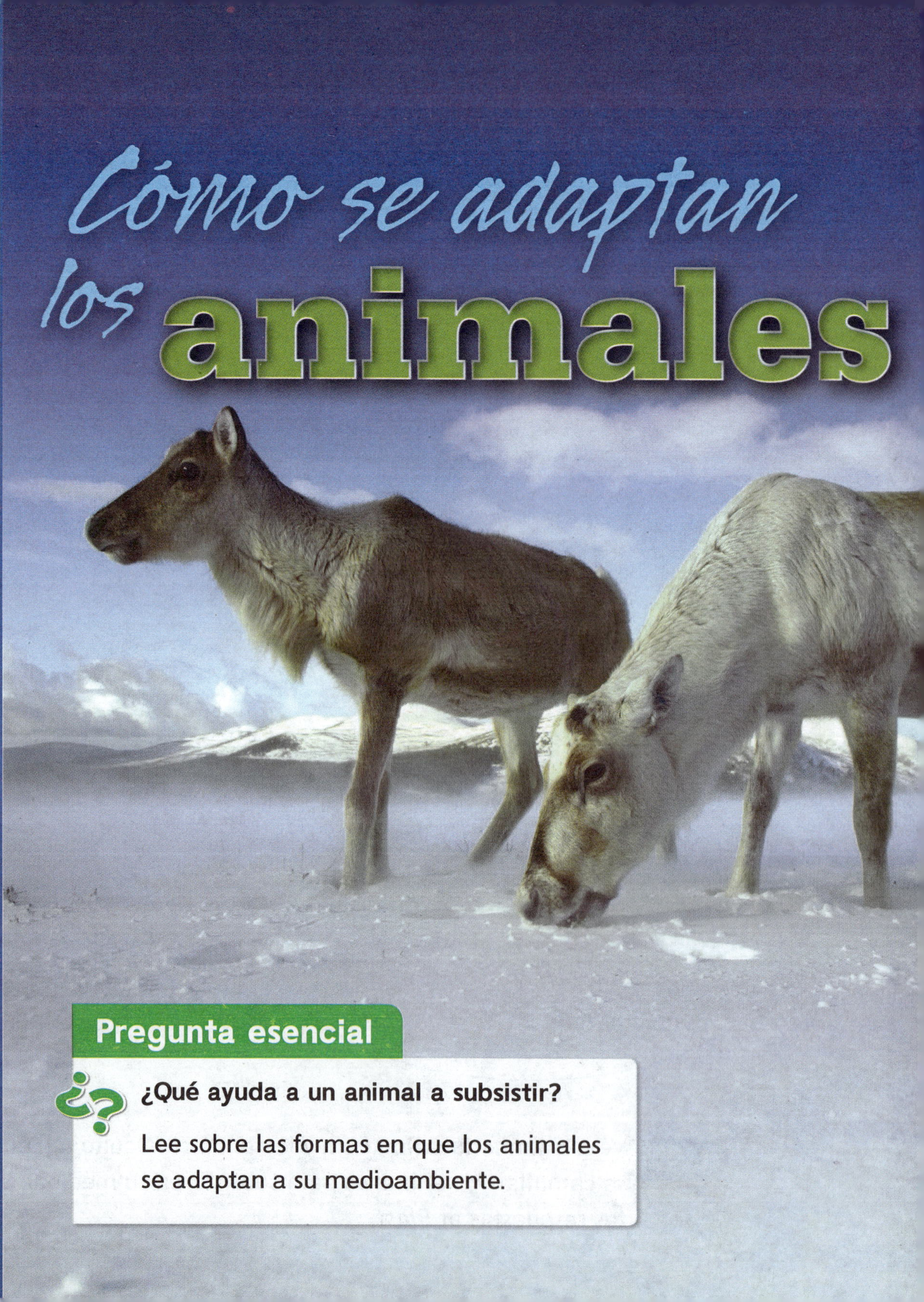

Cómo se adaptan los animales

Pregunta esencial

¿Qué ayuda a un animal a subsistir?

Lee sobre las formas en que los animales se adaptan a su medioambiente.

¿Qué harías si vieras a un zorrillo levantar la cola? Si los conocieras, ¡correrías en la dirección opuesta! Los zorrillos tienen un sistema de supervivencia: pueden rociar a los **depredadores** con un líquido de olor horrible que producen unas glándulas que tienen debajo de la cola.

Cuando un zorrillo se da la vuelta y rocía a un depredador, la fétida nube puede viajar hasta 10 pies.

Las formas especiales que tienen los animales para subsistir son adaptaciones. Entre ellas están el líquido que rocía el zorrillo y los colores brillantes que tienen los animales **venenosos** para advertir a los depredadores. Algunos animales pueden sentir sutiles **vibraciones** en el suelo. Otros escuchan sonidos a millas de distancia. Una adaptación también puede ser una característica del comportamiento. Un ejemplo es la migración de las aves al sur todos los inviernos para evitar las duras temperaturas.

Para mantener el calor

¡Brrrr! Imagínate que vivieras en un lugar que tuviera un promedio **extraordinario** de temperatura anual de 15 °F. Bienvenido a la tundra ártica de Alaska, Canadá, Groenlandia y Rusia, hogar de los caribúes. Para mantener el calor, los caribúes tienen dos capas de pelaje, una gruesa capa de grasa y cuerpos compactos. Aunque miden 4 o 5 pies de largo, pueden pesar más de 500 libras.

El hocico, la punta de la nariz y la boca, están cubiertos de pelo corto, que ayuda a calentar el aire antes de que entre a sus pulmones. También los ayuda a mantener el calor mientras escarban la nieve para buscar alimento.

BUSCAR EVIDENCIAS

Leer

Párrafos 1–2

Idea principal y detalles clave

Encierra en un círculo la oración en la que se expresa la idea principal del párrafo 2.

Subraya los rasgos físicos que ayudan a los animales a subsistir.

Párrafos 3–4

Resumir

Resume las adaptaciones físicas del caribú en las líneas de abajo.

____

____

____

____

Releer

Técnica del autor

Según los detalles que da el autor acerca del caribú, ¿qué inferencia puedes hacer sobre lo que necesitan los animales para subsistir en la tundra ártica?

LECTURA COMPARTIDA

BUSCAR EVIDENCIAS

Leer

Párrafo 1

Fotos y leyendas

Subraya los detalles del texto que sustentan la información de la foto y de la leyenda.

Prefijos

El prefijo *in-* significa “no”. **Encierra en un círculo** la palabra que tenga el prefijo *in-*. Escribe el significado de la palabra abajo.

____

Párrafo 2

Resumir

Escribe detalles clave que resuman las adaptaciones de los fásmidos.

____

____

____

Releer

Técnica del autor

¿Cómo utiliza el autor la foto y la leyenda para ayudarte a entender las adaptaciones de los fásmidos?

En busca de alimento

El liquen crece en temperaturas extremas.

¡Los caribúes comen más de seis libras de liquen todos los días! Y tienen estómagos inusuales. Las cuatro cámaras del estómago están diseñadas para digerir el liquen. Es uno de los pocos alimentos que pueden encontrar en el invierno. Aun así, los caribúes pasan muchas dificultades durante el periodo más frío del invierno, cuando sus fuentes de alimento disminuyen. Es por esto que se van de la tundra a una amplia área de bosque, donde es más fácil encontrar alimento. Cuando la nieve derretida **gotea** hacia los riachuelos, ellos saben que es hora de regresar al norte.

Insectos disfrazados

Mira de cerca la fotografía de la rama de árbol. ¿Puedes ver el insecto? Es un fásmido. Algunos fásmidos se conocen como insectos hoja o insectos palo, porque lucen como hojas o ramitas. Estos insectos pueden cambiar de color para mimetizarse con su entorno. De esta manera, quedan **camuflados** y pasan desapercibidos por los depredadores. ¡Es como si desaparecieran de la vista! Estos insectos son nocturnos, lo que significa que están activos durante la noche. Esta es otra adaptación que les ayuda a evitar a los depredadores. Es difícil ver a estos insectos durante el día y mucho más en la noche.

Este fásmido se llama insecto palo porque parece un palo con patas.

Las adaptaciones físicas del caimán incluyen su cuerpo en forma de tronco. A otros animales se les dificulta verlo cuando permanece inmóvil en el agua.

¡Agua, por favor!

En el vasto ecosistema del Parque Nacional de los Everglades de la Florida, la temporada seca es brutal para muchas plantas y animales. Los caimanes han encontrado una manera de sobrevivir a estas condiciones secas en los pantanos de agua dulce. Usan las patas y el hocico para quitar la tierra de los hoyos en los lechos de roca. Así, cuando el suelo se seca, pueden beber agua de los abrevaderos.

Otras especies también se benefician de estos abrevaderos. Las plantas crecen allí y otros animales encuentran agua para sobrevivir la temporada seca. Sin embargo, los animales que visitan los abrevaderos se convierten en **presas** fáciles. El caimán, que suele estar inmóvil, puede **abalanzarse** sobre ellos sin previo aviso. Por fortuna, los caimanes comen pocas veces al mes. Muchos animales se arriesgan y van al abrevadero del caimán cuando necesitan agua. ¡Al fin y al cabo, la cuestión es subsistir!

Resumir

Resume la información importante de "Cómo se adaptan los animales" a partir de tus notas. Comenta si tu predicción de la página 100 fue acertada.

TEXTO EXPOSITIVO

BUSCAR EVIDENCIAS

Leer

Encabezados

¿Por qué "¡Agua, por favor!" es un buen encabezado para esta sección?

____

____

____

Idea principal y detalles

Subraya en la leyenda y en el texto los detalles de las adaptaciones que ayudan al caimán a subsistir.

Hacer inferencias

¿Qué inferencias puedes hacer sobre cómo el cuerpo del caimán le ayuda a subsistir?

Releer

Técnica del autor

El autor describe cómo se adapta un caimán a la temporada seca limpiando hoyos para almacenar agua. ¿Cómo muestra esta explicación que una adaptación puede ayudar a un animal y perjudicar a otros?

Vocabulario

A partir de las oraciones que se dan como ejemplo, comenta con un compañero lo que significa cada palabra. Luego, responde las preguntas.

abalanzarse

Al gato montés le gusta **abalanzarse** sobre los peces en el río.

¿Qué otros animales se abalanzan?

___

___

camuflado

Es difícil ver al insecto **camuflado** debido a que parece una hoja.

¿En qué se parecen las palabras camuflado y escondido?

___

___

depredador

Un leopardo es un **depredador** feroz que puede atrapar a la mayoría de los animales que caza.

Explica por qué un halcón es un depredador.

___

___

extraordinario

El búho tiene una habilidad **extraordinaria** para mirar fijamente por un largo periodo de tiempo sin parpadear.

¿Cuál es un antónimo de *extraordinario*?

___

___

gotear

La llave que tiene un escape; **gotea** agua toda la noche.

Nombra otra cosa que gotee.

___

___

Tu lista de palabras Selecciona una de las palabras interesantes que anotaste en la página 100 y busca su significado en un diccionario impreso o en línea. En tu cuaderno de escritura, escribe la palabra y cuenta sus sílabas. Escribe una oración y una pregunta que incluyan la palabra. Comparte tus oraciones con un compañero.

presa

La araña viuda negra atrapó a su **presa** en la telaraña.

¿Cuál es un antónimo de *presa*?

venenoso

Ten cuidado con los hongos silvestres, pueden ser **venenosos**.

¿Qué otras cosas son venenosas?

vibración

Eric puntea las cuerdas de su guitarra y produce **vibraciones** porque las cuerdas se mueven rápidamente hacia arriba y hacia abajo.

¿Qué otra cosa produce vibraciones?

Prefijos

A medida que lees, puedes encontrar una palabra que no conoces. Busca partes de la palabra, como su prefijo. Un prefijo se agrega al comienzo de una palabra y modifica su significado. Estos son algunos prefijos comunes.

in- significa "no"

re- significa "repetición"

super- significa "encima, después"

BUSCAR EVIDENCIAS

Cuando leo la sección "Para mantener el calor" en la página 101 de "Cómo se adaptan los animales", veo la palabra extraordinario. *Primero, miro las partes de la palabra por separado. Sé que* extra- *es un prefijo que cambia el significado de* ordinario. *El prefijo* extra *significa "fuera de".*

Imagínate que vivieras en un lugar que tuviera un promedio **extraordinario** de temperatura anual de 15 °F.

Tu turno Deduce el significado de las siguientes palabras a partir de sus prefijos y claves de contexto.

supervivencia, página 101 ______________________

inmóvil, página 103 ______________________

Global Warming Images/Alamy Stock Photo

Releer | LECTURA COMPARTIDA

Resumir

Al hacer un resumen, vuelves a contar los detalles más importantes de un párrafo o de una sección del texto. Resume secciones de "Cómo se adaptan los animales" para entender la información.

BUSCAR EVIDENCIAS

Vuelve a leer la sección "Insectos disfrazados" de la página 102. Identifica los detalles clave para resumir la sección.

Página 102

Insectos disfrazados

Mira de cerca la fotografía de la rama de árbol. ¿Puedes ver el insecto? Es un fásmido. Algunos fásmidos se conocen como insectos hoja o insectos palo, porque lucen como hojas o ramitas. Estos insectos pueden cambiar de color para mimetizarse con su entorno. De esta manera, quedan **camuflados** y pasan desapercibidos por los depredadores. ¡Es como si desaparecieran de la vista! Estos insectos son nocturnos, lo que significa que están activos durante la noche. Esta es otra adaptación que los ayuda a evitar a los depredadores. Es difícil ver a estos insectos durante el día y mucho más en la noche.

Los fásmidos son insectos que se camuflan para ocultarse de los depredadores. Además son nocturnos, lo que hace difícil que los depredadores los vean.

Acuérdate

Recuerda que en los resúmenes solo se incluyen los detalles más importantes de un texto. Para resumir un texto, puedes preguntar: quién, qué, dónde, cuándo, por qué y cómo.

Completa estas oraciones:

- *El texto trata de...*
- *Un detalle clave es...*
- *Otro detalle clave es...*

COLABORA

Tu turno Vuelve a leer "¡Agua, por favor!" y resume la sección.

___

___

___

Fotos, leyendas y encabezados

"Cómo se adaptan los animales" es un texto expositivo. En un texto expositivo se presentan datos e información de un tema. Se pueden incluir elementos del texto como **fotos**, **leyendas** y **encabezados**. La estructura del texto puede ser de comparar y contrastar o de causa y efecto.

BUSCAR EVIDENCIAS

Puedo decir que "Cómo se adaptan los animales" es un texto expositivo porque presenta datos sobre las adaptaciones de diferentes animales para subsistir. Cada sección tiene un encabezado. En el texto también se incluyen fotos y leyendas.

De lectores a escritores

Los escritores utilizan fotos y leyendas para darles a los lectores más información o para explicar la información del texto. ¿Cómo puedes utilizar estos elementos en tu texto?

Página 102

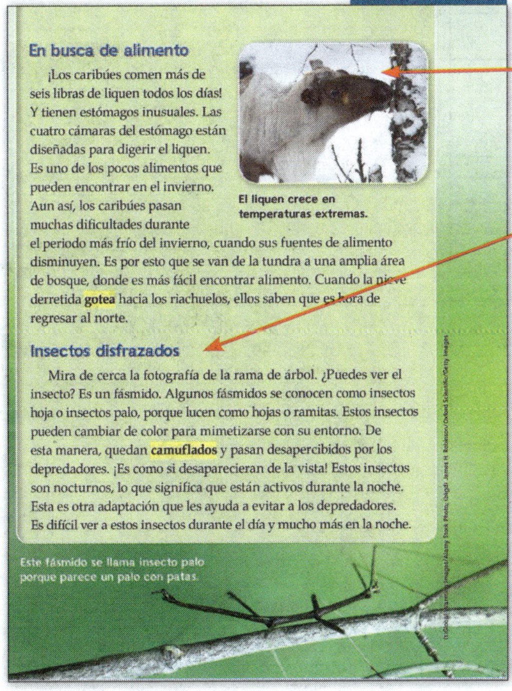

En busca de alimento

¡Los caribúes comen más de seis libras de liquen todos los días! Y tienen estómagos inusuales. Las cuatro cámaras del estómago están diseñadas para digerir el liquen. Es uno de los pocos alimentos que pueden encontrar en el invierno. Aun así, los caribúes pasan muchas dificultades durante el periodo más frío del invierno, cuando sus fuentes de alimento disminuyen. Es por esto que se van de la tundra a una amplia área de bosque, donde es más fácil encontrar alimento. Cuando la nieve derretida **gotea** hacia los riachuelos, ellos saben que es hora de regresar al norte.

El liquen crece en temperaturas extremas.

Insectos disfrazados

Mira de cerca la fotografía de la rama de árbol. ¿Puedes ver el insecto? Es un fásmido. Algunos fásmidos se conocen como insectos hoja o insectos palo, porque lucen como hojas o ramitas. Estos insectos pueden cambiar de color para mimetizarse con su entorno. De esta manera, quedan **camuflados** y pasan desapercibidos por los depredadores. ¡Es como si desaparecieran de la vista! Estos insectos son nocturnos, lo que significa que están activos durante la noche. Esta es otra adaptación que les ayuda a evitar a los depredadores. Es difícil ver a estos insectos durante el día y mucho más en la noche.

Este fásmido se llama insecto palo porque parece un palo con patas.

Fotos y leyendas

Las fotos ilustran lo que está en el texto. Las leyendas dan información adicional.

Encabezados

Los encabezados indican cuál es el tema principal de una sección del texto.

COLABORA

Tu turno Busca y enumera dos elementos del texto de "Cómo se adaptan los animales". Comenta con un compañero lo que aprendiste de cada uno.

Releer | LECTURA COMPARTIDA

Idea principal y detalles clave

La idea principal es el punto más importante que un autor presenta en un texto o en una sección del texto. En los detalles clave se presenta información importante que sustenta la idea principal.

BUSCAR EVIDENCIAS

Al volver a leer la sección "Para mantener el calor" de la página 101, puedo identificar los detalles clave. Luego puedo pensar qué tienen en común esos detalles. Ahora sé cuál es la idea principal de la sección.

Idea principal
Las adaptaciones de los caribúes les ayudan a sobrevivir al frío.
Detalle
Los caribúes tienen dos capas de pelaje.
Detalle
Los caribúes tienen una gruesa capa de grasa.
Detalle
El pelo corto de su hocico calienta el aire que inhalan.

Acuérdate

Un autor podría no hacer explícita la idea principal del texto. Es posible que tengas que deducirla. Busca los detalles importantes del texto, de las fotos y de las leyendas. Completa estas oraciones:

- *Los detalles de la sección tratan de...*
- *La foto y leyenda tratan de...*
- *La idea principal es...*

COLABORA

Tu turno Vuelve a leer la sección "Insectos disfrazados" de la página 102. Busca los detalles clave y anótalos en el organizador gráfico de la página 109. Deduce la idea principal a partir de estos detalles.

Idea principal
Detalle
Detalle
Detalle

Responder a la lectura

COLABORA

Responde por escrito la siguiente pregunta. Piensa en cómo el autor presenta la información. Consulta tus notas y el organizador gráfico.

¿Cómo emplea el autor diferentes elementos del texto para explicar las adaptaciones de los animales y cómo estas les ayudan a subsistir?

Acuérdate

Completa estas oraciones para comentar los elementos del texto:

- *En las fotos se muestra...*
- *En la leyenda de una de las fotos se presenta información sobre...*
- *Los encabezados tratan de...*

Enlace gramatical

Al redactar tu respuesta, asegúrate de escribir correctamente los pronombres posesivos.

Recuerda que los pronombres posesivos deben concordar en género y número con el sustantivo. Algunos pronombres posesivos son: *mío, tuyo, nuestro* y *suyo.*

- *La cinta roja es mía.*
- *El violín es tuyo.*
- *Nuestros cuadernos no caben en tu mochila.*

Integrar | BÚSQUEDA E INVESTIGACIÓN

CIENCIAS

Diagramas del ciclo de vida

Los **diagramas del ciclo de vida** muestran los pasos, o etapas, por los que pasa un organismo durante su vida. En estos diagramas se suelen incluir fotos o dibujos de las etapas. Las flechas van de una etapa a la siguiente. En las leyendas se da información de cada etapa. Los diagramas del ciclo de vida permiten que el lector comprenda mejor la información. Así es como debes leer un diagrama de ciclo de vida:

- Observa con atención cada sección del diagrama.
- Sigue las flechas que van de una etapa a la siguiente.
- Lee la leyenda en la que se describe cada etapa.

El diagrama del ciclo de vida de esta página es el ciclo de vida de las abejas. ¿Qué etapa sigue después de la larva? Escribe tu respuesta.

____

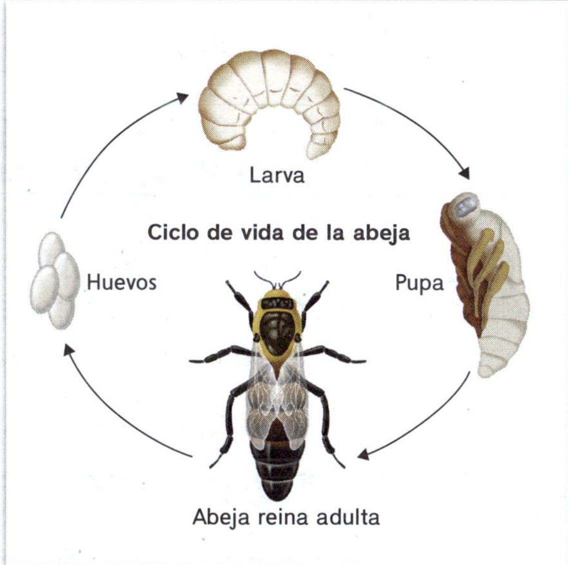

En el diagrama de arriba se muestra el ciclo de vida de una abeja. ¿Qué le sucede al huevo? Escribe tu respuesta.

____

____

____

____

COLABORA

Haz diagramas de ciclo de vida Trabaja con un compañero o en grupo para investigar los ciclos de vida de un grillo y de un escarabajo. Busquen la información en fuentes fiables. Luego, lleven a cabo las siguientes tareas con la información que encontraron.

- Hagan dos diagramas del ciclo de vida: uno de un grillo y otro de un escarabajo.
- Incluyan leyendas y flechas para que los lectores sigan cada etapa.
- Escriban un párrafo en que comparen y contrasten los dos diagramas.
- Al terminar, presenten su trabajo a la clase.

Releer | TEXTO PRINCIPAL

Antología de literatura: páginas 94-109

Arañas

¿Cómo te ayudan las palabras y las frases que incluye el autor a visualizar la manera como la araña se come a su presa?

COLABORA

Coméntalo Vuelve a leer la página 98 de la **Antología de Literatura.** Comenta con un compañero las palabras descriptivas que incluye el autor para explicar cómo comen las arañas.

Cita evidencias ¿Qué imagen crea el autor con estas palabras descriptivas? Escribe evidencias del texto en la tabla.

Palabras	Lo que visualizo

Escribe El autor me ayuda a visualizar cómo una araña se come a su presa ____________________

____

____

Sintetizar información

Compara lo que ya sabes de las adaptaciones de los animales. Piensa en las adaptaciones de la araña y en cómo le ayudan a subsistir. Compara la forma en que las arañas y otros animales consiguen y comen su alimento a partir de lo que has aprendido.

¿Cómo te ayuda el autor a comprender la manera como las arañas utilizan sus sentidos?

COLABORA

Coméntalo Vuelve a leer la página 102 de la **Antología de Literatura.** Comenta con un compañero la forma como el autor describe las partes del cuerpo de la araña que perciben cosas.

Cita evidencias ¿Qué evidencias proporciona el autor para que puedas comprender su punto de vista sobre las arañas? Escribe las evidencias del texto y explica el punto de vista del autor en el organizador gráfico de abajo.

Punto de vista del autor

Escribe Sé cuál es el punto de vista del autor sobre los sentidos de las arañas porque ______________________________

____

____

____

Acuérdate

Puedes completar estas oraciones para comentar el punto de vista del autor sobre los sentidos de las arañas.

- *El autor piensa que los sentidos de las arañas son...*
- *Una de las razones por las que piensa esto es...*

Evaluar información

Lee todos los detalles que el autor proporciona de las arañas. Cuando repases la información, puedes evaluar si estás de acuerdo con el punto de vista del autor. ¿Qué piensas de las arañas después de repasar todos los detalles?

Releer

TEXTO PRINCIPAL

¿Cómo te ayudan los elementos del texto a comprender la información sobre la telaraña orbital?

COLABORA

Coméntalo Vuelve a leer la página 109 de la **Antología de Literatura.** Observa la foto de la página anterior y lee la leyenda. Comenta con un compañero la nueva información que aprendiste.

Cita evidencias ¿Qué detalles de los elementos del texto te dan más información sobre la telaraña orbital? Escribe las evidencias del texto en la tabla.

Evidencias del texto	Foto	Leyenda

Escribe El autor utiliza elementos del texto para ______________________

____

____

____

____

Acuérdate

Al observar los elementos del texto, relaciona la leyenda con lo que ves en la foto. Completa estas oraciones:

- *En la foto veo...*
- *Cuando leo la leyenda comprendo que...*
- *Lo que leo en la leyenda se relaciona con la foto porque...*

Hacer inferencias

Las arañas que tejen telarañas orbitales producen suficiente seda para hacer grandes telarañas. La mayoría de las arañas hacen sus telarañas en la noche. ¿Por qué crees que la mayoría de las arañas hacen sus telarañas en la noche?

Responder a la lectura

COLABORA

Responde por escrito la siguiente pregunta. Al responder, ten en cuenta tus conocimientos. Consulta tus notas y el organizador gráfico.

¿Cómo te ayudan los elementos del texto a comprender mejor la lectura?

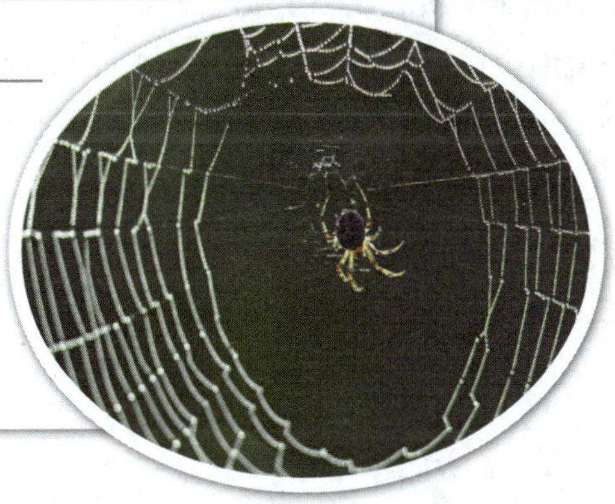

Acuérdate

Completa estas oraciones para analizar el texto y citar tus evidencias del texto.

- *Las fotos me ayudan a entender...*
- *En las leyendas se explica...*
- *Los elementos del texto me ayudan a...*

Mis lecturas

Elige un texto y anota en tu cuaderno de escritura el título, el autor y el género del libro. Asegúrate de incluir en tu cuaderno de escritura tu respuesta personal al texto.

Anansi y los pájaros

Antología de literatura: páginas 112-113

1 Anansi adora los retos. Engañar a los comerciantes para quitarles sus riquezas y a los leones para que salgan de sus tronos son sus aventuras más emocionantes. Y hoy les demostrará a esos pájaros arrogantes que él puede volar junto a los mejores.

2 Le suplicó a cada pájaro que le diera una pluma para crear un par de alas, y luego comenzó a practicar su vuelo. Anansi quedaba muy bien camuflado en sus nuevas alas y lucía como un pájaro.

3 —¡Uuu huut! —lo reprendió el búho bajo la luna—. Una araña no está hecha para volar. ¿Por qué intentas ser algo que no eres?

4 —Ocúpate de lo tuyo, búho —respondió Anansi disgustado—. ¡Eres un depredador, así que vete a cazar ratones!

5 Anansi siguió a los pájaros a su fiesta en la cima de una montaña. Se servía mucha comida y empujaba a todos para obtener su parte. Cuando se sintió lleno, cayó en un profundo sueño.

Vuelve a leer los párrafos 1 y 2. **Encierra en un círculo** las evidencias del texto del párrafo 1 que te permiten conocer la personalidad de Anansi.

COLABORA

Vuelve a leer los párrafos 3 y 4. Comenta con un compañero la relación entre Anansi y el viejo búho. **Subraya** las partes del diálogo que te ayudan a identificar qué piensa el búho de las acciones de Anansi.

Luego, vuelve a leer el párrafo 5. ¿Cómo sugiere el autor que algo desagradable podría pasarle a Anansi? **Encierra en un cuadrado** la clave. Escríbela aquí:

____

____

6 Disgustados, los pájaros le quitaron las plumas de sus alas y después se fueron, todos excepto un cuervo. Cuando Anansi despertó, se dio cuenta de lo que había pasado y le rogó al cuervo que lo ayudara a bajar de la montaña.

7 —Por supuesto —respondió el cuervo con malicia, mientras lo empujaba por un acantilado.

8 —¡Ay! —gritó Anansi, que por su incapacidad de volar cayó impotente dando vueltas en el aire.

9 El viejo búho apareció frente a él y le preguntó:

10 —¿Por qué no escuchaste, Anansi? ¡No eres un pájaro!

11 —¡Por favor, ayúdame, búho! —le rogó Anansi.

12 —¡Mete la barriga! —le dijo el búho a Anansi.

13 Cuando lo hizo, salieron hilos de seda de detrás de él. El búho los cogió y los ató a una rama alta. Colgando de ellos, Anansi se dio cuenta de que el búho tenía razón. Desde ese día, continuó hilando telarañas en lugar de intentar ser algo que no era.

Vuelve a leer los párrafos 6 y 7. **Encierra en un círculo** las palabras y frases con las que el autor describe lo que los pájaros pensaban de Anansi y lo que hicieron.

COLABORA

Con un compañero vuelve a leer los párrafos 10 a 12, y comenta cómo ayuda el búho a Anansi. **Numera** los pasos en el margen. Luego, **subraya** la oración que contenga información sobre lo que ahora piensa Anansi del búho. Escribe aquí la respuesta:

____

Michael Slack

Releer | # LECTURA COMPLEMENTARIA

¿Cómo te ayuda el autor a visualizar las características de los personajes para que entiendas la lección que aprende Anansi?

COLABORA

Coméntalo Vuelve a leer el fragmento de la página 116. Comenta con un compañero las características de los personajes. ¿Cómo te permiten estas características conocer a los personajes?

Cita evidencias ¿Qué detalles te permiten identificar las características de los personajes? Escribe evidencias del texto.

Anansi	Búho	Pájaros

Lo que visualizo

Escribe El autor me ayuda a visualizar las características de los personajes para ______________________________

____

____

Hacer inferencias

Las acciones y las palabras de los personajes son pistas de la manera como podrían actuar en el futuro. Deducir cómo van a actuar es hacer una inferencia. ¿Cómo crees que será la relación entre Anansi y los pájaros en el futuro?

jaroon/iStock/Getty Images

Personaje

Las acciones y los diálogos de un personaje le indican al lector cómo piensa y se siente el personaje. A veces, la manera en que un personaje actúa al principio de un relato es diferente de como actúa al final. Esos cambios te permiten comprender el significado del relato.

BUSCAR EVIDENCIAS

En los párrafos 3 a 5 de la página 116, el autor describe cómo Anansi trata a los demás. ¿Qué palabra utilizarías para describir la personalidad de Anansi en esta sección?

____

> —¡Uuu huut! —lo reprendió el búho bajo la luna—. Una araña no está hecha para volar. ¿Por qué intentas ser algo que no eres?
>
> —Ocúpate de lo tuyo, búho —respondió Anansi disgustado—.
>
> ¡Eres un **depredador,** así que vete a cazar ratones!
>
> Anansi siguió a los pájaros a su fiesta en la cima de una montaña. Se servía mucha comida y empujaba a todos para obtener su parte...

COLABORA

Tu turno Vuelve a leer los últimos dos párrafos de la página 117.

- ¿Cómo cambia Anansi desde el principio del relato hasta el final?

____

____

____

De lectores a escritores

Al escribir, debes ayudar a tus lectores a conocer los personajes. Describe cómo se ven, cómo hablan y cómo interactúan con los demás. Utiliza palabras que ayuden a tus lectores a descubrir la personalidad de los personajes. Por ejemplo, el autor de "Anansi y los pájaros" utiliza palabras como *disgustado* y *empujaba* para describir el comportamiento de Anansi. Esta descripción ayuda a los lectores a visualizar el personaje.

Conexiones del texto

Piensa en el *Blast* y en las selecciones que leíste. ¿Qué aprendiste de las adaptaciones de los animales para subsistir?

COLABORA

Coméntalo Observa la foto y la leyenda y habla del dragón de mar foliáceo con un compañero. Comenta cómo en la foto se puede ver lo que hace este animal para subsistir.

Cita evidencias Con un lápiz, **traza el contorno** del dragón de mar foliáceo de la foto. Vuelve a leer la leyenda y **subraya** lo que hace el animal para protegerse de sus depredadores.

Escribe Las selecciones que he leído y esta foto me muestran que los animales son únicos al ______________________________

____

____

____

____

____

Acuérdate

Completa estas oraciones para contrastar las adaptaciones de los animales sobre los que aprendiste.

- *En "Cómo se adaptan los animales" las adaptaciones eran diferentes porque...*
- *Según Arañas, las adaptaciones de las arañas son...*

El dragón de mar foliáceo, o dragón marino común, vive en las aguas de la costa sur de Australia. Nada a lo largo de las rocas y las praderas marinas alrededor de los arrecifes. Este animal se mimetiza con su entorno para protegerse.

Kris Wiktor/Alamy Stock Photo

CIENCIAS

Presentar el trabajo

COLABORA

Comenta el modo en que presentarás tus diagramas y el párrafo a la clase. Puedes preparar una presentación de diapositivas o exponer los diagramas en la pared. Aplica las estrategias de la derecha. Comenta los comienzos de oración de abajo y escribe tus respuestas.

Ciclo de vida de una mariposa

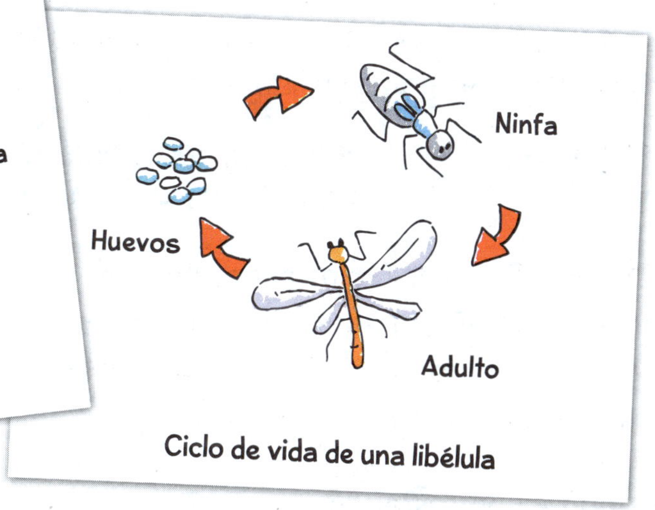

Ciclo de vida de una libélula

Lo más interesante que aprendí del ciclo de vida del escarabajo y el grillo es ______________________________

____

Me gustaría saber más acerca de ______________________________

____

Acuérdate

Practica tu presentación con un compañero. Al presentar los diagramas, recuerda señalar las leyendas y las partes.

Completa estas oraciones:

- *En la primera etapa pueden ver que...*
- *Como pueden ver en la imagen, en la segunda etapa...*

Comprobar la presentación

- ☐ Habla lentamente, con claridad y con una expresión adecuada.
- ☐ Haz contacto visual con el público.
- ☐ Al explicar cada etapa del ciclo, señálala en tu diagrama.
- ☐ Escucha con atención las preguntas del público.
- ☐ Responde con amabilidad todas las preguntas y sugerencias.

ESCRITURA

Texto modelo

Antología de literatura: páginas 94–111

Características del ensayo de comparar y contrastar

Los ensayos de comparar y contrastar son un tipo de texto expositivo. En ellos se informa a los lectores en qué se parecen dos cosas y en qué se diferencian. En un ensayo de comparar y contrastar:

- se explica en qué se parecen y en qué se diferencian dos cosas;
- se tilizan conectores y frases para que los lectores puedan comprender las relaciones entre las ideas;
- se incluyen oraciones de diversa extensión y estructura.

gramatiNOTAS

En la página 95, el autor, Nic Bishop, utiliza palabras que señalan similitud, como *comparten* y *similares*, y palabras que señalan diferencias, como *pero* y *diferencia*. Estas palabras te ayudarán a identificar la estructura de texto de comparar y contrastar.

Analiza el texto modelo Estudiar textos expositivos te servirá para aprender a escribir un ensayo de comparar y contrastar. **Vuelve a leer** la página 95 de *Arañas,* en la **Antología de literatura.** Escribe tus respuestas abajo.

¿Qué está comparando y contrastando el autor? ____________

____

¿Cómo hace diferentes el autor las oraciones? ____________

____

____

____

____

Planificar: Elige un tema

COLABORA

Lluvia de ideas Haz con un compañero una lista de animales y de las adaptaciones que les ayudan a subsistir. Comenta cómo la estructura corporal o el comportamiento de un animal le ayudan a moverse rápido o a volar. Piensa en aquello que les ayuda a los animales a sobrevivir en un medioambiente extremo, como el desierto o la tundra ártica.

Instrucción de escritura Elige dos animales de tu lista. Escribe un ensayo de comparar y contrastar sobre las adaptaciones que les ayudan a estos animales a sobrevivir en su entorno.

Voy a comparar y contrastar ______________________________

____

Propósito y público El **propósito de un autor** puede ser informar, convencer o entretener. El público es el conjunto de personas que van a leer tu ensayo. Escribe abajo tu propósito y tu público.

Propósito: ______________________________

Público: ______________________________

Planifica En tu cuaderno de escritura, haz un diagrama de Venn para planificar tu texto. Escribe en el círculo del centro el nombre de los dos animales. Luego, escribe el de un animal en el círculo de la izquierda y el del otro en el de la derecha.

Acuérdate

Para comparar y contrastar los dos animales, completa estas oraciones:

- *Uno de los animales vive en...*
- *El otro animal vive en...*
- *Los animales tienen diferentes...*

Enlace gramatical

Al comparar dos cosas diferentes, debes utilizar adverbios de comparación: *más, menos, mejor, peor,* y *tan* (como):

El elefante es más grande que el perro.

Los leopardos corren tan rápido como un auto.

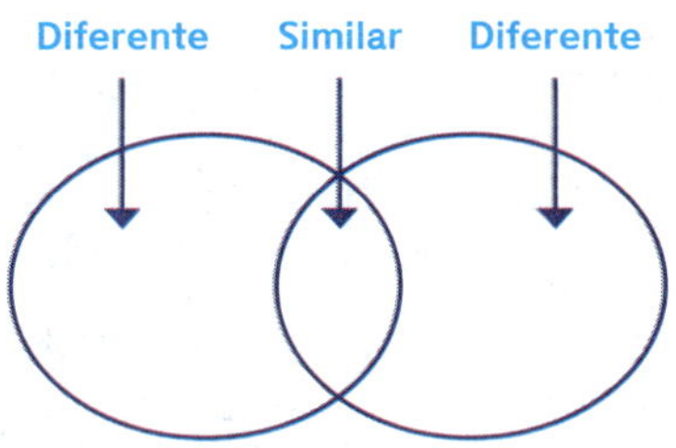

Planificar: estructura del texto

¿En qué se parecen y diferencian las adaptaciones de los animales?

Hay similitudes y diferencias entre los animales. Al **comparar** estás describiendo en qué se parecen los animales. Al **contrastar** estás describiendo en qué se diferencian los animales. Mientras investigas y planificas tu ensayo de comparar y contrastar de las adaptaciones de los animales, responde estas preguntas:

- ¿Qué partes de la estructura corporal de estos dos animales son similares?
- ¿En qué se parecen y diferencian los entornos de estos animales?
- ¿Qué adaptaciones protegen a estos animales?

Ahora escribe dos preguntas de investigación de tus animales.

1 ____

2 ____

Toma notas Al tomar notas de tu tema, parafrasea la información explicándola en tus palabras. Utiliza tu diagrama de Venn para identificar las similitudes y diferencias entre los dos animales.

Recursos digitales

Para obtener más información de cómo tomar notas, entra en **my.mheducation.com** y mira el video "Tomar notas: fuente escrita".

Hacer un borrador

Palabras de enlace En una estructura de texto de comparar y contrastar, los autores conectan las ideas con palabras de enlace. Para mostrar similitudes entre dos cosas, utilizan palabras de enlace como *al igual que, similar* y *ambos*. Para mostrar diferencias entre dos cosas, utilizan palabras como *a diferencia, en cambio* y *por el contrario*. Lee el siguiente texto y subraya las palabras que muestran comparación.

> El estómago de un caribú es similar al estómago de una vaca. Ambos utilizan su estómago para digerir alimentos. El estómago del caribú tiene cuatro cámaras que le ayudan a digerir el liquen, al igual que el estómago de la vaca que se divide en las mimas cámaras. Esto le ayuda a la vaca a digerir el pasto que come.

Ahora escribe una oración en la que que se comparen y contrasten dos características de los animales que elegiste. Utiliza un conector para mostrar una similitud o una diferencia.

____

____

Haz un borrador Utiliza tu diagrama de Venn para establecer la estructura del texto al escribir un borrador en tu cuaderno de escritura. No olvides incluir conectores que te permitan conectar las ideas.

Enlace gramatical

Los sustantivos epicenos designan seres vivos, pero tienen un único género gramatical ya sea masculino o femenino. La mayoría los puedes encontrar en los animales, como "la serpiente" o "el águila". Es incorrecto "el serpiente" o "la águila". Para diferenciar el género en estos casos, se utilizan los términos "macho" y "hembra".

Acuérdate

Al escribir el borrador de tu ensayo, recuerda que los adjetivos permiten expresar con más claridad la información de tu tema. En vez de decir que un animal es más grande que otro, podrías describir el tamaño de los animales. Los lectores comprenden mejor las diferencias entre los animales si leen detalles específicos.

Revisar

Fluidez de la oración El término *fluidez de la oración* significa "cómo suenan juntas las palabras de una oración y cómo suenan las oraciones cuando las leo una después de la otra". Tu texto será más interesante si tus oraciones son fluidas. Para que las oraciones tengan fluidez, escribe oraciones con comienzos y longitud diferentes. Lee el párrafo de abajo. Identifica los detalles relevantes. Luego, revísalo para que el texto fluya sin problemas mientras lo lees en voz alta.

Los osos polares tienen garras afiladas. Los osos pardos también. Las garras sirven de protección a los osos. El pelaje blanco de un oso polar es una adaptación que le ayuda a resguardarse en un entorno cubierto de nieve. El pelaje marrón de un oso pardo es una adaptación que le ayuda a resguardarse entre los árboles del bosque.

Enlace gramatical

Una oración simple, o enunciado, expresa un pensamiento completo. Una oración compuesta tiene dos o más enunciados, que suelen unirse con una conjunción coordinante. Asegúrate de que las oraciones simples y compuestas de tu escrito tengan un sujeto y un verbo para evitar frases. Además, los verbos deben estar conjugados según el sujeto.

Revisión Revisa tu borrador y comprueba que incluiste transiciones. Lee en voz alta el borrador para asegurarte de que tienes oraciones con estructura y extensión variadas.

Marcos Mesa Sam Wordley/Shutterstock.com

Charlas entre compañeros

COLABORA

Revisión del borrador Escucha con atención mientras tu compañero lee su trabajo en voz alta. Toma notas de lo que te gustó y de lo que te pareció difícil de entender. Primero comenta lo que te gustó del borrador. Haz preguntas que ayuden a tu compañero a reflexionar sobre lo que escribió. Haz sugerencias para mejorar el texto. Completa estas oraciones como guía para la charla:

Me gustaron los diferentes tipos de oraciones que utilizaste porque...

Algunos conectores que podrías utilizar son...

Me pregunto si sonaría mejor si empiezas la oración con...

No entiendo esta comparación. ¿Me podrías explicar por qué...?

Sugerencias de compañeros Cuando tu compañero haya comentado tu borrador, escribe una de las sugerencias que aplicarás. Consulta la tabla de pautas de evaluación de la página 129 a medida que haces tus sugerencias.

A partir de las sugerencias de mi compañero, haré... ______________________

____

Luego de la charla entre compañeros, reflexionen. ¿Resultó útil el intercambio? ¿Qué podrían hacer de otro modo la próxima vez?

Revisión Al revisar tu borrador, recuerda comprobar la revisión para determinar qué partes del texto debes mejorar. Consulta las pautas de calificación de la página 129.

Comprobar la presentación

- [ ] ¿Se adecúa mi texto a mi propósito y a mi público?
- [ ] ¿Utilicé una estructura de texto de comparar y contrastar?
- [ ] ¿Qué detalles puedo agregar o quitar para que estas comparaciones sean más claras?
- [ ] ¿Cambié las estructuras de mis oraciones para que en mi texto haya fluidez de las oraciones?

Corregir

Al **corregir** tu texto, tienes que buscar errores de ortografía, de puntuación, de uso de mayúsculas y de otros aspectos gramaticales. Si lees un borrador varias veces, estarás seguro de no pasar por alto ningún error. Fíjate en las sugerencias de comprobar la corrección.

Comprobar la corrección

- ☐ ¿Comienzan todas las oraciones con mayúscula y terminan con un signo de puntuación?
- ☐ ¿Tienen sujeto y predicado todas las oraciones?
- ☐ ¿Están conectadas las oraciones dependientes con conectores o comas?
- ☐ ¿Están escritos correctamente los pronombres posesivos?
- ☐ ¿Escribí correctamente los sustantivos singulares, plurales, colectivos y propios?

Escribe dos errores que hayas encontrado al corregir tu texto.

1 ____

____

2 ____

____

tecnoNOTAS

Los correctores de ortografía son herramientas útiles en los programas de procesamiento de textos, pero es posible que no reconozcan muchos errores. Por ejemplo, si escribes "participo" y querías decir "participó". Un repaso cuidadoso de tu texto te ayudará a encontrar más errores.

Enlace gramatical

Al corregir tu texto, verifica que colocaste correctamente las comas. Si tienes oraciones compuestas, asegúrate de que utilizaste una coma para separar las ideas completas.

Publicar, presentar y evaluar

Publicación Al **publicar** tu texto, muestra una copia limpia, clara y sin errores. Mientras haces tu borrador final asegúrate de escribirlo en cursiva y de forma legible. Si agregas elementos visuales, tu texto resultará más atractivo. Considera incluir ilustraciones, fotos o mapas.

Presentación Cuando estés listo para **presentar** tu trabajo, ensaya tu presentación. Como guía, lee las pautas de comprobar la presentación.

Evaluación Después de publicar tu texto, lee las pautas de evaluación que se muestran abajo para **evaluar** tu texto.

¿Qué aspectos son satisfactorios? ______________________________

____

¿Qué partes requieren más trabajo? ______________________________

____

Comprobar la presentación

- ☐ Párate erguido y mira al público.
- ☐ Habla con claridad y a un volumen lo suficientemente alto como para que todos te escuchen.
- ☐ Muéstrale al público todas las ayudas visuales que tengas en tu ensayo.
- ☐ Señala las leyendas y los detalles de las ayudas visuales.
- ☐ Responde con amabilidad las preguntas con detalles de tu ensayo.

4	3	2	1
• El tema se explica de manera informativa, interesante y detallada. • La información se compara y contrasta claramente con transiciones correctas. • El escrito tiene diferentes tipos de oraciones.	• Informa a los lectores con detalles del tema. • Compara y contrasta las ideas en general, pero carece de transiciones. • El escrito tiene algunos tipos diferentes de oraciones.	• Intenta abordar el tema, pero no es claro al explicarlo. • Algunas comparaciones son difíciles de entender debido a la falta de transiciones. • El escrito tiene solo unos pocos tipos de oraciones.	• No se enfoca en un tema en particular. • La escritura es desorganizada y no tiene transiciones entre las comparaciones. • El escrito no tiene diferentes tipos de oraciones.

Coméntalo

Pregunta esencial

¿Cómo cambian las historias cuando los personajes son encarnados por animales?

COLABORA

El sapo de la foto es un príncipe guapo bajo un hechizo mágico. Así es como inicia el conocido relato y, por supuesto, tiene un final feliz.

¿Cuáles son tus relatos favoritos con personajes encarnados por animales? ¿Qué características tienen estos personajes? Escribe algunas palabras que describan los atributos de los animales de estos relatos y coméntalos con un compañero. Recuerda hacer contacto visual mientras hablas. Pronuncia y habla despacio y con claridad.

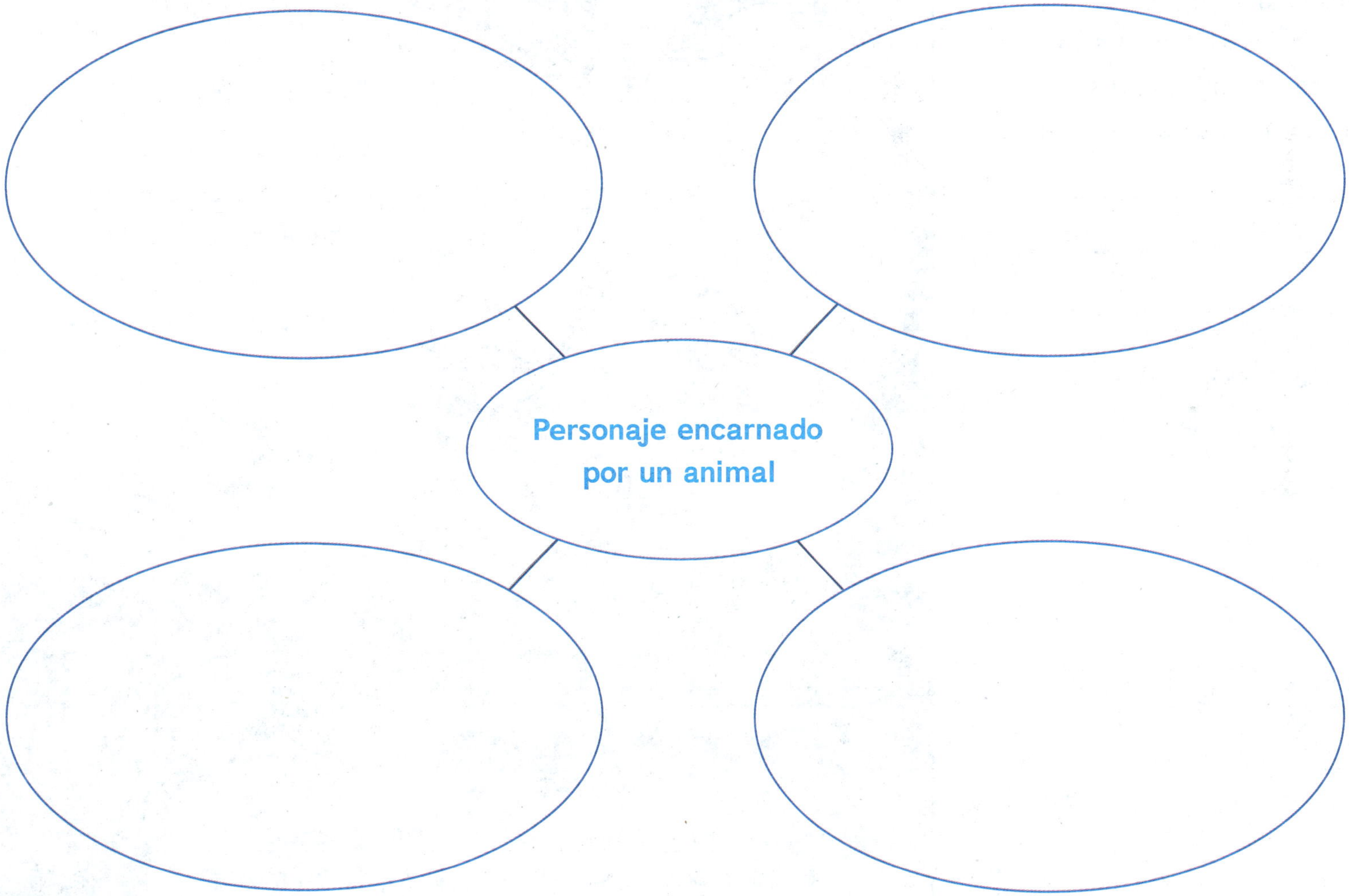

BLAST BACK! studysync

Ve a **my.mheducation.com** y lee el *Blast* "Animales protagonistas". Piensa en los personajes encarnados por animales que conoces de relatos que has leído. Comenta tus respuestas al *Blast*.

wildpixel/iStock/Getty Images

LECTURA COMPARTIDA

TOMA NOTAS

Para prepararte para la lectura, da un vistazo al drama y haz predicciones a partir del título y las ilustraciones. Escribe tus predicciones abajo. Luego, verifica si se cumplieron tus predicciones a medida que lees.

A medida que lees, anota:

Palabras interesantes: ____________

Detalles clave: ____________

La zorra y el cuervo

basada en una fábula de Esopo

Personajes.

Venado, astas sobre la cabeza
Cóndor, máscara marrón
Pantera, máscara azul
Cuervo, máscara negra
Zorra, largos guantes rojos

Pregunta esencial

¿Cómo cambian las historias cuando los personajes son encarnados por animales?

Lee cómo una zorra emplea su astucia para ganar un premio.

ESCENA UNO

(VENADO está en el centro del escenario, decorado con algunas ramas. Hay también una caja de madera).

VENADO. ¡Atención a todos los animales del bosque! *(Llega CUERVO y se posa al otro extremo del escenario. Se queda escuchando a VENADO)*. Y cuando digo todos, digo todos. Grandes y chicos, astutos y tontorrones... alegres y **malhumorados**.

CUERVO *(inquieto)*. ¡Corta el rollo, Venado! ¡Habla!

VENADO *(Sin hacer caso a CUERVO. PUMA y CÓNDOR llegan al escenario)*. ¡Los carnavales del bosque empiezan pronto! ¡Ya llegan las carrozas!

CÓNDOR. ¡Maravilloso! ¡Estupendo!

CUERVO *(indignado)*. ¿Pronto? ¡Cómo que pronto! ¡Torcaza! ¿No te das cuenta de que estas cosas se avisan con tiempo? ¡Tenemos que disfrazarnos!

VENADO. Tranquilo, Cuervo. La competencia de belleza es luego, por la tarde. Ahora vamos a celebrar la competencia de vuelo.

PANTERA *(con ironía)*. Anímate, Cuervo. Para ganar la competencia de vuelo solo tienes que **planear** mejor que un cóndor.

(VENADO y CÓNDOR se ríen).

BUSCAR EVIDENCIAS

Leer

Primer diálogo de Venado

Ambiente

Encierra en un círculo la oración en la que se describe el ambiente. ¿Por qué es importante saber cuál es el ambiente?

____

____

Diálogos de Cuervo

Hacer y responder preguntas

Encierra en un cuadrado las evidencias del texto que te indican cómo reacciona el cuervo a las noticias que da el venado. ¿Qué pregunta tienes del cuervo?

____

____

____

Releer

Técnica del autor

¿Cómo muestra el autor el carácter de los personajes por medio de las acotaciones?

LECTURA COMPARTIDA

BUSCAR EVIDENCIAS

Leer

Diálogos de Cuervo

Tema

Lee los diálogos de Cuervo. **Subraya** las oraciones con las que se muestra que Cuervo es ingenioso. Escribe abajo la razón por la que es ingenioso.

____

____

____

Acotaciones

Antónimos

Encierra en un círculo el antónimo de la palabra *aterriza*.

Releer

Técnica del autor

¿Cómo muestra el autor las relaciones entre los personajes por medio de los diálogos?

CÓNDOR *(presumido)*. Te veo muy confiado, Cuervo. ¿Acaso crees que puedes vencer a un **portento** del vuelo a vela como yo? ¡Nunca me podrás **imitar**!

(CÓNDOR **despega** *y se aleja. PANTERA, CUERVO y VENADO miran hacia arriba).*

PANTERA. Pronto sabremos quién es el portento.

(Pantera se retira ante la mirada impotente de CUERVO. VENADO mira a CUERVO con lástima).

VENADO. Pantera y Cóndor tienen razón, Cuervo. Jamás podrás ganarle en una competencia de vuelo.

CUERVO. Es cierto, mi única opción es la competencia de belleza.

VENADO. Claro, aunque me temo que tu estilo no está muy de moda.

CUERVO. ¿Ah no? Pues el año pasado ganó Pantera.

VENADO *(mirando hacia el cielo)*. Pero Pantera es casi tan elegante como esa ave del paraíso que está pasando.

(CUERVO se lanza hacia VENADO que huye. Caen dos hermosas plumas del cielo. CUERVO se las queda mirando).

CUERVO *(al público)*. ¡Ya lo tengo! Me haré un collar de plumas de colores. ¡Seguro que por la **vereda** del bosque encuentro alguna!

(CUERVO toma las plumas con el pico y camina haciendo eses por el escenario recogiendo plumas con el pico).

ESCENA DOS

(ZORRA entra en escena).

ZORRA *(hace una reverencia)*. ¡Un cuervo! ¡Qué manera de volar! Supongo que participarás en el concurso de vuelo, ¿no?

(CUERVO niega con la cabeza, confundido por la ***actitud*** *de Zorra).*

ZORRA. ¡Ganarías seguro! ¡Con esas plumas negras como el azabache! Si hay algún ave bella en el mundo, eres tú, Cuervo.

(CUERVO se mira todo el cuerpo, confuso).

ZORRA. Muchacho, ¡lo tienes todo! Número uno, vuelas como los ángeles. Número dos, tienes un color asombroso. Número tres... *(se frota la barbilla)* ¡Ah, sí! Número tres, ¡seguro que cantas de maravilla! ¡Tienes un trino **potente** como un ruiseñor! ¡Daría lo que fuera por oírte cantar!

(CUERVO cierra los ojos y, al abrir el pico, sus plumas caen al suelo. ZORRA recoge las plumas y se va corriendo).

CUERVO *(cantando)*. "Estas son las mañanitas"...

(CUERVO abre los ojos y grazna malhumorado. VENADO entra en escena y lo mira con lástima. CUERVO despega dando fuertes aletazos y sale de escena).

VENADO *(al público)*. Zorra ganó la competencia de belleza con las plumas robadas. Y Cuervo aprendió una lección, "desconfía siempre de los aduladores".

Diego Agudelo

Resumir

Repasa las predicciones que hiciste en la página 132. Luego resume lo que leíste. ¿Fueron correctas tus predicciones?

DRAMA

BUSCAR EVIDENCIAS

Leer

Diálogo de Venado

Tema

Subraya la oración en la que se muestra la lección que aprendió Cuervo.

Acotaciones

¿Qué se informa en las acotaciones de la conducta de Cuervo y Zorra?

____

____

____

Releer

Técnica del autor

¿Qué mensaje les transmite el autor a los lectores por medio de las acciones de Zorra?

Fluidez

Túrnate con un compañero para leer la página 134. Comenten cómo los elementos del texto les permiten leer con precisión.

Releer | **LECTURA COMPARTIDA**

Vocabulario

A partir de las oraciones que se dan como ejemplo, comenta con un compañero lo que significa cada palabra. Luego, responde las preguntas.

actitud

Las niñas se divirtieron trabajando juntas porque ambas tenían una buena **actitud**.

Describe tu actitud cuando haces tareas domésticas.

____

____

despegar

Los aviones suelen **despegar** de la pista a la hora indicada.

¿Qué sucede cuando despega un avión?

____

____

imitar

Es muy entretenido jugar a **imitar** a mis personajes favoritos.

¿A quién te gustaría imitar?

____

____

malhumorado

Adrián se pone **malhumorado** cuando tiene hambre.

¿Qué te hace sentir malhumorado?

____

____

planear

Algunas aves aprenden a **planear** desde su primer vuelo.

¿Qué tipo de aves has visto planear en el cielo?

____

____

Tu lista de palabras Vuelve a leer los diálogos de Zorra de la página 135. Encierra en un círculo la palabra *asombroso*. En tu cuaderno de escritura escribe antónimos de *asombroso* en una red de palabras. Por ejemplo, un antónimo es *corriente*. Busca otros antónimos en un diccionario.

portento

La nueva directora del hospital es un **portento** de la medicina.

¿Quién es un portento del deporte en tu escuela?

____

____

potente

El reproductor de música es tan **potente** que la música se puede oír a grandes distancias.

Comenta qué otros objetos son potentes.

____

____

vereda

Camino por la **vereda** que más conozco para llegar a la parada de autobús.

¿A qué otros lugares llegas caminando por una vereda?

____

____

Antónimos

A medida que lees "La zorra y el cuervo", puedes encontrar una palabra desconocida. Algunas veces el autor utiliza un **antónimo,** una palabra o frase que significa lo opuesto a otra palabra o frase, para aclarar su significado en una oración cercana.

BUSCAR EVIDENCIAS

En la página 133, no estoy seguro de lo que significa la palabra malhumorados. *Puedo utilizar la palabra* alegres *para entender lo que significa.*

Y cuando digo todos, digo todos. Grandes y chicos, astutos y tontorrones... alegres y malhumorados!

Tu turno Escribe un antónimo de las siguientes palabras de "La zorra y el cuervo" y sus significados.

belleza, página 133 ______________________________

confiado, página 134 ______________________________

lástima, página 135 ______________________________

Diego Agudelo

Releer | LECTURA COMPARTIDA

Hacer y responder preguntas

Cuando lees una selección, puede que algunas veces no la comprendas completamente. Puedes parar y **hacer preguntas.** A medida que lees "La zorra y el cuervo", plantea preguntas de lo que no entiendes. Luego lee para **responderlas.**

Acuérdate

Lee las acotaciones escritas en cursiva después del nombre de los personajes. En ellas hay información sobre sus acciones y sentimientos.

BUSCAR EVIDENCIAS

Después de leer los primeros diálogos de Zorra, puedes preguntarte por qué le está haciendo tantos cumplidos a Cuervo que no son ciertos. Vuelve a leer el final de la página 135 para encontrar la respuesta.

Página 135

(CUERVO cierra los ojos y, al abrir el pico, sus plumas caen al suelo. ZORRA se apresura a recoger las plumas y se va corriendo).

CUERVO: *(cantando)* "Estas son las mañanitas"...

(CUERVO abre los ojos y grazna malhumorado. VENADO entra en escena y lo mira con lástima. CUERVO despega dando fuertes aletazos y sale de escena).

Leo que Zorra robó a Cuervo las plumas que se le cayeron al abrir la boca para cantar. Así fue como ella pudo ganar la competencia de belleza.

COLABORA

Tu turno ¿Por qué los autores cuentan relatos con personajes encarnados por animales? ¿Qué preguntas harías sobre los personajes de la obra?

____

____

Acotaciones, diálogos y escenas

Un drama tiene **acotaciones,** indicaciones sobre los personajes, y está escrito en **diálogo.** Está dividido en partes llamadas actos o **escenas.** El autor incluye información del ambiente y describe las escenas.

BUSCAR EVIDENCIAS

Puedo saber que "La zorra y el cuervo" es un drama. El autor desarrolla la trama por medio de intervenciones de personajes. Las acotaciones les indican a los actores qué hacer. También hay diálogos. Los nombres de cada personaje están escritos en mayúscula antes de sus diálogos.

Página 133

ESCENA UNO

(VENADO está en el centro del escenario, decorado con algunas ramas. Hay también una caja de madera).

VENADO. ¡Atención a todos los animales del bosque! *(Llega CUERVO y se posa al otro extremo del escenario. Se queda escuchando a VENADO).* Y cuando digo todos, digo todos. Grandes y chicos, astutos y tontorrones... alegres y **malhumorados**.

CUERVO *(inquieto).* ¡Corta el rollo, Venado! ¡Habla!

VENADO *(Sin hacer caso a CUERVO. PUMA y CÓNDOR llegan al escenario).* ¡Los carnavales del bosque empiezan pronto! ¡Ya llegan las carrozas!

CÓNDOR. ¡Maravilloso! ¡Estupendo!

CUERVO *(indignado).* ¿Pronto? ¡Cómo que pronto! ¡Torcaza! ¿No te das cuenta de que estas cosas se avisan con tiempo? ¡Tenemos que disfrazarnos!

VENADO. Tranquilo Cuervo. La competencia de belleza es luego, por la tarde. Ahora vamos a celebrar la competencia de vuelo.

PANTERA *(con ironía).* Anímate, Cuervo. Para ganar la competencia de vuelo solo tienes que **planear** mejor que un cóndor.

(VENADO y CÓNDOR se ríen).

Escena
Indica cuándo comienza una nueva escena.

Acotación
Describe dónde y cuándo ocurre el drama.

Diálogos
Indica lo que dicen los personajes.

COLABORA

Tu turno Busca y enumera otros ejemplos que muestren que "La zorra y el cuervo" es un drama. Explica cómo estas características te ayudan a comprender el texto.

____

____

____

____

De lectores a escritores

Los autores utilizan el diálogo y las acotaciones para que sus lectores puedan comprender los personajes en un drama. ¿Cómo puedes utilizar estos elementos en tu escritura?

Releer | LECTURA COMPARTIDA

Tema

El **tema** de una selección es el mensaje o la lección que un autor quiere comunicar al lector. Para identificar el tema, presta atención a las palabras y acciones de los personajes.

BUSCAR EVIDENCIAS

Al volver a leer "La zorra y el cuervo", las acciones de Zorra y Cuervo para prepararse para el carnaval son claves importantes para identificar el tema. Las palabras y acciones de Zorra para conseguir las plumas de colores también son claves importantes.

Busca otros detalles con los que puedas descubrir el tema.

Pista

Zorra adula a Cuervo y le miente.

↓

Pista

Cuervo se llenó de orgullo y creyó las palabras de Zorra.

↓

Tema

Acuérdate

Mira las ilustraciones de los personajes y fíjate en sus expresiones. Con ellas podrás saber cómo se sienten los personajes.

COLABORA

Tu turno Vuelve a leer "La zorra y el cuervo". ¿Qué otros detalles indican cuál es el tema del relato? Escríbelos en el organizador gráfico de la página 141. Luego, determina el tema a partir de las claves.

Diego Agudelo

Pista

Pista

Pista

Tema

Responder a la lectura

COLABORA

Responde por escrito la siguiente pregunta. Piensa en los elementos del texto que incluye el autor. Consulta tus notas y el organizador gráfico.

¿Cómo te permiten descubrir el tema los elementos del texto de “La zorra y el cuervo”?

Acuérdate

Completa estas oraciones para comentar el texto:

- *Las acotaciones sirven para...*
- *En el diálogo se muestra cómo se sienten los personajes...*
- *Los cambios de escena me permiten entender los cambios en la trama porque...*

Enlace gramatical

A medida que escribes tu respuesta, asegúrate de utilizar mayúscula en los nombres de los personajes, aunque sean sustantivos comunes:

Cuervo se puso muy nervioso cuando se enteró de que el carnaval empezaba en una hora.

Zorra le robó las plumas a Cuervo cuando se le cayeron de la boca por cantar la canción que le pidió.

Integrar | BÚSQUEDA E INVESTIGACIÓN

CIENCIAS

Red trófica

En una **red trófica** se muestra cómo las plantas y los animales obtienen su energía, o alimento, en un ecosistema. Una red trófica conecta varias cadenas tróficas. Una cadena trófica muestra una ruta. Por ejemplo, una cadena trófica del bosque muestra que los halcones comen ratones y, a su vez, que los ratones comen hierba. La hierba obtiene su energía del sol. ¿Qué plantas y animales puedes encontrar en una red trófica del océano? Escribe tu respuesta.

____

____

Red trófica del bosque

COLABORA

Haz una red trófica Haz una red trófica del ecosistema de un estanque. Investiga sobre los animales y las plantas que viven en ese entorno y lo que comen. Empieza con las plantas. Luego, sigue con los animales que comen esas plantas. Finalmente, muestra los animales que se comen a esos animales.

Cuando hayas terminado tu red trófica, escribe en un párrafo predicciones sobre lo que pasaría si ocurrieran cambios en el estanque. Por ejemplo, ¿qué pasaría si se secara el estanque por falta de lluvia?

- ¿Qué comida consumirían los animales?
- ¿Qué pasaría si uno de los seres vivos desapareciera del entorno?

Incluye fotos, ilustraciones o gráficas en tu red trófica. Cuando hayas terminado, comparte tu trabajo con la clase.

En la imagen de arriba se muestra una red trófica. ¿Qué seres vivos se muestran en esta red? Escribe tu respuesta abajo.

____

____

____

____

Releer **TEXTO PRINCIPAL**

Palabra de urraca

¿Por qué utiliza el autor lenguaje descriptivo?

COLABORA

Coméntalo Vuelve a leer los diálogos de la página 122 de la **Antología de literatura.** Comenta con un compañero cómo el lenguaje descriptivo permite que entiendas mejor a los personajes.

Cita evidencias ¿Qué imágenes mentales puedes formar a partir del lenguaje descriptivo? Escribe las evidencias del texto en el organizador gráfico.

Lenguaje descriptivo	Imágenes mentales

Escribe El lenguaje descriptivo me ayuda a comprender atributos de los personajes porque ______________________________

____

____

Antología de literatura: Páginas 114-127

Evaluar información

El autor te dice al comienzo de una manera muy específica el momento del día en el que está sucediendo la acción. Vuelve a leer el inicio de la obra para tener en cuenta el tipo de lenguaje que emplea para describir la escena.

¿Cómo sabes lo que los otros personajes piensan de Paco Urraca?

COLABORA

Coméntalo Vuelve a leer las páginas 118 y 123. Comenta con un compañero cómo muestra el autor lo que Simón y Úrsula sienten.

Cita evidencias ¿Con qué diálogos y acotaciones se describe lo qué Simón y Úrsula piensan de Paco Urraca?

Personaje	→	Evidencias del texto
	→	
	→	
	→	
	→	

Escribe Sé lo que Simón y Úrsula piensan de Paco Urraca porque el autor ______________________________

____

____

Acuérdate

Completa estas oraciones para comentar qué piensan los personajes de Paco Urraca.

- *El autor muestra qué piensan los otros personajes...*
- *Cuando sé qué piensan los otros personajes comprendo...*

Sintetizar información

¿Por qué crees que a Simón y Úrsula no les agrada Paco Urraca? Combina tu conocimiento previo y la información que te da el autor. ¿Qué clase de personaje es Paco Urraca?

Releer

TEXTO PRINCIPAL

¿Cómo te ayudan los cambios de escena a comprender mejor la trama de la obra de teatro?

COLABORA

Coméntalo Vuelve a leer las páginas 115, 120 y 124. Comenta con un compañero cómo sabes lo que piensan las águilas de los búhos y viceversa gracias a las escenas.

Cita evidencias ¿Cómo puedes comprender el cambio que tuvo la relación entre las águilas y los búhos a partir de la descripción de las escenas?

Detalle	Detalle	Detalle

Conclusión

Escribe El cambio de escena ______________________________

____

____

Acuérdate

Si tienes problemas para hacer un seguimiento en la forma como los personajes actúan entre sí, vuelve a la página 115 y revisa la lista de personajes.

Hacer inferencias

Piensa en la forma como actúan Simón y Quiroga y Raúl y Úrsula. ¿Por qué crees que Paco Urraca quería enemistar a búhos y águilas?

Responder a la lectura

COLABORA

Responde por escrito a la siguiente pregunta. Al responder, ten en cuenta tus conocimientos de cómo las actitudes de las personas y lo que dicen influyen en lo que piensan los demás de ellos. Consulta tus notas y el organizador gráfico.

¿Cómo te ayuda el autor a comprender al personaje principal con el lenguaje descriptivo y las acotaciones?

Acuérdate

Completa estas oraciones para organizar tus evidencias del texto.

- *El autor emplea acotaciones para...*
- *Para mostrar cómo se sienten los personajes...*
- *Esto me ayuda a comprender que el personaje principal...*

Mis lecturas

Elige un texto y escribe en tu cuaderno de escritura el título, el autor y el género de la lectura. Anota cuál es tu propósito al leer. Por ejemplo, puedes leer para responder una pregunta o como pasatiempo.

Releer | LECTURA COMPLEMENTARIA

Pecos Bill y el monstruo del lago Bear

Antología de literatura: páginas 130–133

1 ¿Alguna vez has oído hablar de Pecos Bill? ¿El vaquero criado por coyotes durante diecisiete años? ¿El que enlazó un tornado con una serpiente cascabel viva para bajarlo del cielo? ¿El que desenterró el río Grande porque su ganado tenía sed y necesitaba agua? ¡Por supuesto que has escuchado esas historias! Pero apuesto a que no conoces este relato sobre Pecos Bill.

2 Pecos Bill estaba cabalgando y reuniendo el ganado con algunos vaqueros. Un vaquero de Utah comenzó a contar historias sobre el monstruo del lago Bear una noche. Dijo que el monstruo lucía como una serpiente con patas. Y que tenía más de 100 millas de largo. Uno de los trucos favoritos del monstruo era aparecerse a los nadadores para escucharos gritar. Y se comía a un par de ellos de almuerzo. Contó que una vez unos antílopes americanos se acercaron a beber agua del lago. La serpiente se los bebió como si fueran un trago de té dulce. Al monstruo le picaba la cola en otra ocasión. No se podía rascar. Por eso hizo que las olas del lago inundaran las costas durante días.

Vuelve a leer el párrafo 1. **Encierra en un cuadrado** tres detalles en los que se muestre que Pecos Bill es un personaje que rebasa los límites de la realidad. Escríbelos aquí.

COLABORA

Comenta cómo el autor utiliza lenguaje descriptivo para describir el monstruo del lago Bear. ¿Qué tienen en común los personajes?

1 Bill llegó acalorado y sediento al lago Bear. Fue al lago y nadó una milla o dos. De repente el agua se agitó y se espumó. Comenzaron a caer violentas olas de diez pies de altura sobre su cabeza. Un monstruo salió del agua con la boca abierta y rugió. Bill había visto cavernas más pequeñas que la boca de esa serpiente. Su rugido hizo temblar las montañas que rodeaban el lago. Pecos Bill saltó al cuello del monstruo y enlazó su boca con una cuerda. Después sostuvo los extremos como riendas.

2 Decir que la serpiente parecía tan **malhumorada** como un oso cuando lo pican muchas avispas es poco. El monstruo se retorcía y hacía serpentear su lomo tratando de librarse de Bill. Pero Bill no cedió. El viento bramaba y chillaba en torno a él. Las olas se elevaban en picos cada vez más altos. ¡Salpicaron tanta agua que el lago se convirtió en una tromba gigantesca!

Vuelve a leer el párrafo 2. **Encierra en un círculo** lo que le sucedió a Pecos Bill cuando el monstruo intentó librarse de él. **Subraya** el lenguaje descriptivo con el que el autor te ayuda a imaginar qué sucedió después.

COLABORA

Mira la ilustración y lee la leyenda. Comenta cómo la serpiente cambió del principio del relato al final. Escribe las evidencias del texto abajo.

El monstruo del lago Bear, Utah, todavía vive en el lago. Solo que ahora, como es tímido y está asustado, pocas personas lo han visto.

¿Cómo utiliza el autor la comparación entre Pecos Bill y el monstruo del lago Bear para crear suspenso?

COLABORA

Coméntalo Vuelve a leer los pasajes de las páginas 148 y 149. Comenta con un compañero las descripciones de Pecos Bill y el monstruo del lago Bear.

Cita evidencias ¿Qué pistas da el autor para crear suspenso? Escribe aquí las evidencias del texto y explica cómo crean suspenso.

Escribe Por qué escribe el autor anécdotas y relatos del pasado para describir a Pecos Bill y al monstruo del lago Bear?

Acuérdate

En este cuento exagerado hay anécdotas sobre la experiencia de Pecos Bill con el monstruo. Las anécdotas son historias cortas y sorprendentes, escritas para entretener al lector. Cuando vuelvas a leer, busca las anécdotas.

Hipérbole

Una exageración hace que algo parezca más grande o mejor de lo que realmente es. Si dices que tienes tanta hambre que podrías comerte un caballo, estás exagerando. Los autores exageran para añadirle tensión al relato. Esas exageraciones se llaman **hipérboles.** Es común que en cuentos exagerados como el de Pecos Bill se haga uso de hipérboles.

BUSCAR EVIDENCIAS

En el párrafo 2 de la página 148 de "Pecos Bill y el monstruo del lago Bear", el autor emplea una hipérbole para contar qué sucede después de que a la serpiente le picara la cola. El autor cuenta que las olas del lago inundaron la costa por días. Podemos decir que el autor está exagerando para que el monstruo parezca un personaje increíble.

> Al monstruo le picaba la cola en otra ocasión. No se podía rascar. Por eso hizo que las olas del lago inundaran las costas durante días.

COLABORA

Tu turno Vuelve a leer el párrafo 2 de la página 149.

- ¿Con qué palabras describe el autor lo que sucedió cuando Pecos Bill y el monstruo lucharon? ______________________________

  ____

- ¿Cómo te permite la hipérbole imaginar la batalla?

  ____

Acuérdate

Si no es fácil para ti determinar si una oración es una hipérbole, pregúntate: ¿podría pasar esto en la vida real? Por ejemplo: *Estaba tan sediento que se tomó 100 vasos de agua.* ¿Esto podría pasar en la vida real? No, por lo que es un ejemplo de hipérbole. Utiliza hipérboles en tus escritos de ficción.

Conexiones del texto

¿Cómo emplea las palabras Mary Howitt para que puedas visualizar los personajes de su poema? ¿Cómo es eso similar a la forma en que los autores describen los personajes en *Palabra de urraca* y "Pecos Bill y el monstruo del lago Bear"?

COLABORA

Coméntalo Lee el pasaje de "La araña y la mosca". Comenta con un compañero cómo la araña engaña y atrapa a la mosca.

Cita evidencias **Encierra en un círculo** las palabras y frases en el poema que hacen que la araña parezca humana. **Subraya** las evidencias del texto que hacen que la mosca parezca humana.

Escribe En las selecciones que leí y en el poema de Mary Howitt se usan palabras y frases para ayudarme a visualizar ____________________

____

____

____

____

____

____

____

____

Acuérdate

Detenerme en las palabras que emplea el autor me permite visualizar los personajes y comparar este poema con las lecturas de esta semana.

¡Por fin, por fin! Cuán pronto
esta pequeña tonta mosca,
escuchando sus astutas y
halagadoras palabras, llegó
lentamente y revoloteó; con sus alas
zumbando se tendía en el aire, y luego
cerca y más cerca la atraía, pensando
solamente en sus brillantes ojos,
y sus tonos verde y púrpura;
pensando solamente en
su cabeza crestada ¡pobre
cosa tonta! Por fin, saltó la
astuta araña, y ferozmente la atrapó.
La arrastró por su serpenteante escalera,
hasta su lúgubre guarida.

—Tomado de "La araña y la mosca",
por Mary Howitt

CIENCIAS

Presentar el trabajo

COLABORA

Comenta con un compañero cómo vas a presentar tu red trófica a la clase. Piensa en cómo la red muestra las conexiones entre los seres vivos de un estanque. Aplica las estrategias de la derecha. Comenta los comienzos de oración de abajo y escribe tus respuestas.

Un hecho interesante que aprendí de los seres vivos de un estanque es ______

______

______

Me gustaría conocer más de ______

______

______

Acuérdate

Antes de compartir tu red trófica, decide en qué orden vas a presentar las imágenes de la red. Podrías presentarlas de izquierda a derecha o de arriba abajo.

Comprobar la presentación

- [ ] Practica tu presentación de la red trófica frente a un amigo. Pídele retroalimentación.
- [ ] Habla claramente con un ritmo y volumen adecuados.
- [ ] Señala la imagen cuando presentes la información.
- [ ] Escribe datos adicionales de cada ser vivo en una tarjeta para poder responder las preguntas que te hagan.
- [ ] Escucha con atención las preguntas de la audiencia.

Coméntalo

Pregunta esencial

¿Cómo inspiran los animales a los escritores?

Los escritores son observadores. Miran, escuchan y se inspiran para crear con palabras una imagen de sus experiencias.

Escribe las características de los animales que podrían inspirar a los escritores. Luego, habla con un compañero de tu animal favorito. Dile qué relato, obra de teatro o poema te gustaría escribir de ese animal.

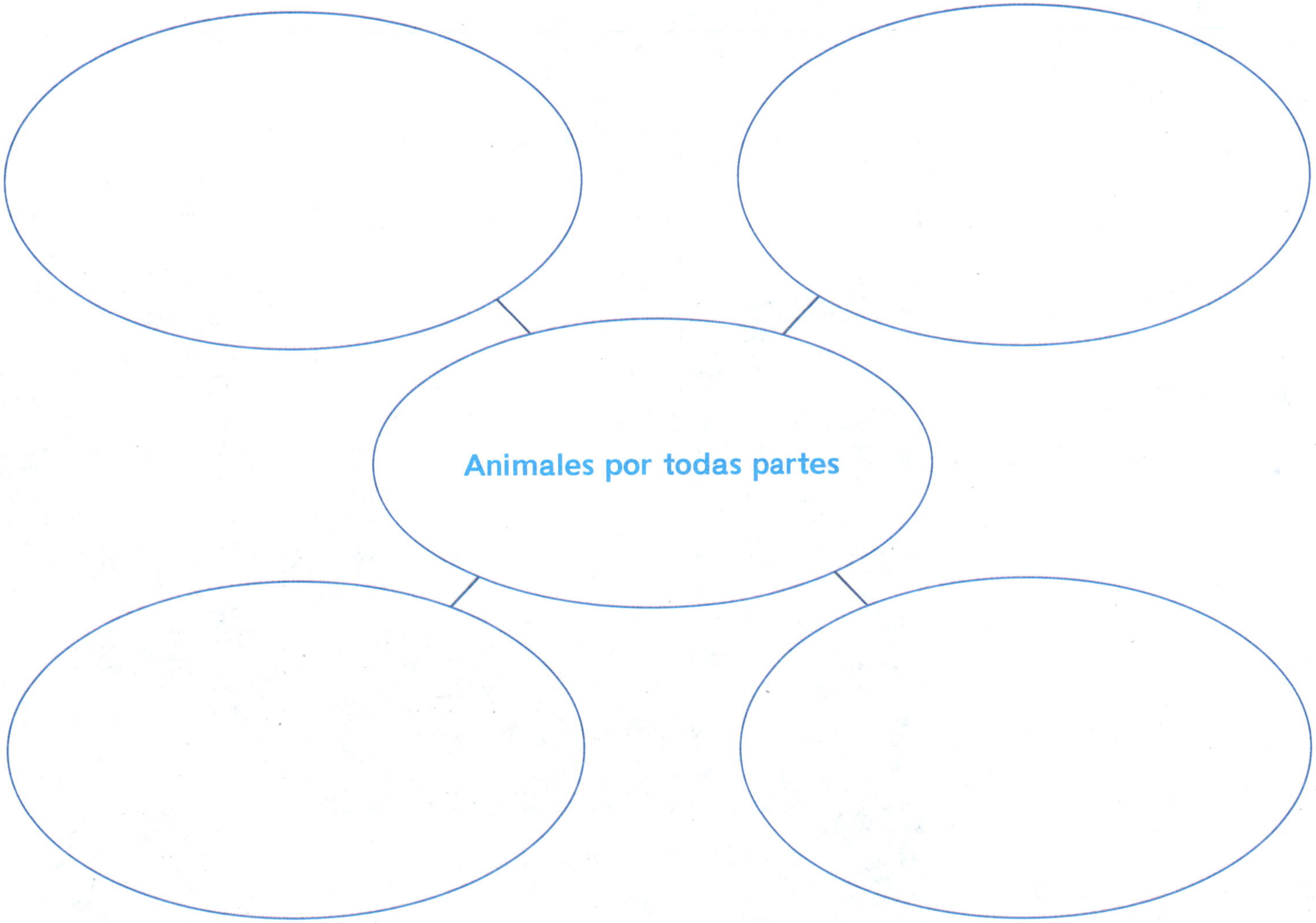

Ve a **my.mheducation.com** y lee el *Blast* "Animales inspiradores". Piensa en tu relato favorito de un animal. ¿Cómo inspiran los animales a los escritores? Luego, comenta tus respuestas al *Blast*.

Rene Frederick/Photodisc/Getty Images

LECTURA COMPARTIDA

HAZ PREGUNTAS

Hacer preguntas te permite descubrir cuál es tu propósito de leer. Da un vistazo a los poemas y escribe una pregunta abajo.

A medida que lees, anota:

Palabras interesantes:

Detalles clave:

Mediodía

Mi gallo ama el bosque umbrío
de la verde cordillera
y la caricia casera
de la hamaca en el bohío.
Cuando lanza su cantío,
es por su tierra y su amada.

Galán de capa y espada,
es el donjuán de la fronda,
que bajo la fronda ronda
con su capa colorada.

Luis Lloréns Torres

Pregunta esencial

¿Cómo inspiran los animales a los escritores?

Lee cómo emplean los poetas el pensamiento creativo para escribir de los animales.

El ave y el nido

¿Por qué te asustas, ave sencilla?
¿Por qué tus ojos fijas en mí?
Yo no pretendo, pobre avecilla,
llevar tu nido lejos de aquí.

Aquí en el hueco de piedra dura,
tranquila y sola te vi al pasar,
y traigo flores de la llanura
para que adornes tu libre hogar.

Pero me miras y te estremeces,
y el ala bates con inquietud,
y te adelantas resuelta a veces,
con amorosa solicitud.

Porque no sabes hasta qué grado
yo la inocencia sé respetar,
que es, para el alma tierna, sagrado
de tus amores el libre hogar.

¡Pobre avecilla! Vuelve a tu nido
mientras del prado me alejo yo,
en él mi mano lecho mullido
de hojas y flores te preparó.

Mas si tu tierna prole futura
en duro lecho miro al pasar,
con flores y hojas de la llanura
deja que adorne tu libre hogar.

Salomé Ureña de Henríquez

POESÍA

BUSCAR EVIDENCIAS

Leer

Página 156

Punto de vista

Subraya la palabra con la que puedes inferir quién es la voz poética. Responde, ¿quién es?

____

Página 156

Símil y metáfora

Encierra en un cuadrado el verso en el que el poeta compara al gallo con una persona.

Página 157

Métrica y rima

Encierra en un círculo las rimas que terminan en i en la primera estrofa. Luego, escribe el número de sílabas de cada verso.

____

Releer

Técnica del autor

¿Con qué palabras muestra la autora su opinión del ave? Ten en cuenta las evidencia del texto.

LECTURA COMPARTIDA

BUSCAR EVIDENCIAS

Leer

Página 158

Punto de vista

Subraya los posesivos en la primera estrofa. ¿Desde qué punto de vista está escrito el poema?

____

Poesía lírica

Encierra en un círculo las rimas de la última estrofa que terminan en o. Lee la estrofa en voz alta. ¿Tiene la última estrofa una rima y métrica consistentes?

____

____

Releer

Técnica del autor

¿Por qué eligió el poeta escribir el poema en primera persona?

Versos sencillos

Si ves un monte de espumas,
es mi verso lo que ves:
mi verso es un monte, y es
un abanico de plumas.

Mi verso es como un puñal
que por el puño echa flor:
mi verso es un surtidor
que da un agua de coral.

Mi verso es de un verde claro
y de un carmín encendido:
mi verso es un ciervo herido
que busca en el monte amparo.

Mi verso al valiente agrada:
mi verso, breve y sincero,
es del vigor del acero
con que se funde la espada.

José Martí

La marimba

Es un puente
de flores
la marimba.
Una vaca
de música.
Un muelle
de luceros
donde pescan
los niños,
esperanzas
y sueños.

Rubén Berrios

Hacer conexiones

¿De qué animal escribirías un poema? ¿En qué detalles del animal harías énfasis?

BUSCAR EVIDENCIAS

Leer

Página 159

Imaginería

Subraya el animal con el que el autor compara la marimba. Escribe la respuesta abajo.

____

Símiles y metáforas

Encierra en un círculo la palabra del primer verso que indica que el autor emplea una metáfora. ¿Qué similitud puede haber entre la marimba y un puente de flores?

____

____

Poesía lírica

¿Hay rimas en el poema?

____

Releer

Técnica del autor

¿Por qué incluye el autor metáforas relacionadas con la naturaleza en su poema?

Releer **LECTURA COMPARTIDA**

Vocabulario

A partir de las oraciones que se dan como ejemplo, comenta con un compañero lo que significa cada palabra. Luego, responde las preguntas.

creativo

La florista hizo arreglos florales **creativos** y originales.

Describe una ocasión en la que fuiste creativo.

descriptivo

El orador dio una charla amena y **descriptiva** sobre la selva tropical.

Escribe una oración en las que hables de tu actividad favorita de forma descriptiva.

pandereta

Mi instrumento favorito de la banda es la **pandereta**.

¿Te gusta tocar la pandereta? ¿Por qué?

remoto

La cabaña del abuelo queda en una isla **remota**.

¿Cuál es un antónimo de *remoto*?

Términos de poesía

metáfora

"Ese camión es un monstruo" es una **metáfora** porque compara dos cosas diferentes sin emplear las palabras *como, cual* o *semejante*.

Da otro ejemplo de una metáfora.

métrica

La **métrica** es el patrón de sílabas acentuadas y sin acentuar.

¿Cómo afecta una métrica fuerte el ritmo de un poema?

rima

Dos palabras **riman** cuando su terminación suena igual, por ejemplo: *abierto* y *concierto*.

¿Qué palabras riman con ballena?

____

____

símil

"Tus ojos son como luceros" es un **símil** porque compara dos cosas empleando las palabras *como, cual* o *semejante*.

Da otro ejemplo de un símil.

____

____

Tu lista de palabras Vuelve a leer "El ave y el nido" en la página 157. Subraya dos palabras interesantes y escríbelas en tu cuaderno de escritura. Busca dos sinónimos de cada palabra en un diccionario impreso o en línea. Escríbelos junto a cada palabra.

Símiles y metáforas

Un **símil** es una comparación en la que se emplean las palabras *como, cual* o *semejante*. Por ejemplo: *ojos azules como el cielo*.

Una **metáfora** es una comparación que se hace sin emplear las palabras *como, cual* o *semejante*, por ejemplo: *el prado era una alfombra verde*.

BUSCAR EVIDENCIAS

Cuando leo "Mediodía" en la página 156, puedo ver que el poeta emplea una metáfora en el antepenúltimo verso para describir al gallo.

Galán de capa y espada
es el donjuán de la fronda,
que bajo la fronda ronda
con su capa colorada.

Tu turno Vuelve a leer el tercer verso de la primera estrofa de "Versos sencillos". Identifica la metáfora y conviértela en un símil.

____

____

____

Releer | LECTURA COMPARTIDA

Métrica y rima

La **métrica** es el ritmo de las sílabas en los versos de un poema. Se forma con la combinación de sílabas acentuadas o sin acentuar. Las palabras **riman** cuando sus sílabas finales suenan igual.

BUSCAR EVIDENCIAS

Vuelve a leer el poema "Mediodía" en la página 156. Escucha las rimas de las sílabas finales y el ritmo de la métrica.

Página 156

Mi gallo ama el bosque umbrío
de la verde cordillera
y la caricia casera
de la hamaca en el bohío.
Cuando lanza su cantío,
es por su tierra y su amada.

Galán de capa y espada,
es el donjuán de la fronda,
que bajo la fronda ronda
con su capa colorada.

Rima Pronuncia la última palabra de los primeros 5 versos del poema. Estas palabras riman porque sus sílabas finales suenan igual.

Métrica Lee los cuatro versos en voz alta. Las palabras y acentos están dispuestos para generar un ritmo particular que se percibe al leer el poema en voz alta.

Acuérdate

Para determinar las sílabas acentuadas y sin acentuar del poema, lee cuidadosamente las palabras en voz alta. Pronuncia con más intensidad los acentos y cuenta cada sílaba con los dedos. Para oír las rimas del poema, lee el poema en voz alta. Presta atención a las palabras al final de cada verso.

COLABORA

Tu turno Encuentra otras palabras que rimen en "Mediodía". Luego, averigua si la métrica es la misma en todos los versos.

____

____

Poesía lírica y décima

En la poesía lírica:

- Se expresan los pensamientos y sentimientos del poeta.
- Por lo general, la rima y métrica son uniformes.

En la décima

- Hay diez versos de ocho sílabas cada uno.
- Hay rima consonante.

BUSCAR EVIDENCIAS

"Versos sencillos" es un poema lírico porque el autor cuenta lo que piensa y siente. "Mediodía" es una décima porque los versos riman entre sí y tienen ocho sílabas.

De lectores a escritores

Al escribir un poema lírico, intenta que todos los versos tengan el mismo número de sílabas. Asegúrate de que todas las palabras al final de cada verso rimen. De esta manera, tu poema tendrá una métrica consistente. Para encontrar palabras que rimen, puedes utilizar un diccionario de rimas. Habla de tus pensamientos y sentimientos en el poema.

Página 156

Mediodía

Mi gallo ama el bosque umbrío
de la verde cordillera
y la caricia casera
de la hamaca en el bohío.
Cuando lanza su cantío,
es por su tierra y su amada.

Galán de capa y espada,
es el donjuán de la fronda,
que bajo la fronda ronda
con su capa colorada.

Luis Lloréns Torres

Pregunta esencial

¿Cómo inspiran los animales a los escritores?

Lee cómo emplean los poetas el pensamiento creativo para escribir de los animales.

El poeta describe al gallo como "galán de capa y espada". Me pregunto si el poeta ve al gallo como una criatura noble y elegante.

COLABORA

Tu turno Vuelve a leer el poema "El ave y el nido". Explica qué tipo de poema es a partir de las evidencias del texto.

____

____

____

Punto de vista

La voz que escuchas en un poema es la de la voz poética. Su punto de vista es la forma como esta piensa o se siente. En ocasiones, la voz poética es un personaje del poema, y en otras, solo está contando algo de los personajes y sucesos que aparecen allí.

BUSCAR EVIDENCIAS

Sé que en "El ave y el nido" la voz poética es la niña por los pronombres yo *y* mí. *Volveré a leer el poema de la página 157 para encontrar los detalles con los que puedo reconocer el punto de vista de la niña.*

Detalles

↓

Punto de vista

Tu turno Vuelve a leer "Versos sencillos" en la página 157. ¿La voz poética es un personaje del poema? Escribe en el organizador gráfico de la página 165 los detalles con los que puedes identificar el punto de vista de la voz poética. Luego, identifica el punto de vista en el poema.

Acuérdate

Recuerda que los pronombres te sirven para identificar el punto de vista del poema. El punto de vista también es lo que la voz poética piensa del tema. Completa estas oraciones para escribir o hablar del punto de vista del poema:

Puedo inferir a partir del pronombre que...

La voz poética expresa que...

Detalles

Punto de vista

Responder a la lectura

COLABORA

Responde por escrito la siguiente pregunta. Piensa en cómo describen los poetas a los animales y sus acciones. Consulta tus notas y el organizador gráfico.

¿Cómo emplean los poetas el punto de vista y el leguaje figurado para representar la naturaleza?

Acuérdate

Completa estas oraciones para organizar las evidencias del texto:

- *En cada poema, el poeta determina el punto de vista al...*
- *En el poema, el poeta utiliza lenguaje figurado, como...*
- *Estas imágenes muestran que el poeta siente...*

Enlace gramatical

Si comienzas una oración con una frase o una palabra de transición, pon una coma después de ella. Por ejemplo, pon una coma después de las frases "por ejemplo", "en el poema" y "finalmente". Este es un ejemplo:

Al principio, la voz poética le pregunta cosas al ave. Finalmente, le dice que ha adornado su hogar con florecillas.

Integrar **BÚSQUEDA E INVESTIGACIÓN**

ESTUDIOS SOCIALES

Cómo hacer una bibliografía

Una **bibliografía** es un listado de las fuentes que se emplearon en un proyecto de investigación.
En las bibliografías se pueden incluir fuentes impresas, virtuales y multimedia. Algunos ejemplos de fuentes que podrían estar en una bibliografía son:

- libros
- revistas
- videos
- sitios web

¿Qué fuentes has utilizado para realizar tus proyectos de investigación?

____

LIBRO

Autor — Año de publicación — Título

Romero, Laura. (2018). Los mejores perros.
Lima: Editorial Patitas

Lugar de publicación — Editorial

SITIO WEB

Autor — Título de la página web — Editorial

Matos, Pedro. Ballenas de aquí y de allá. Sociedad protectora de ballenas. 2018. Web. 10 de ag. de 2018.

Año de publicación — Medio de consulta — Fecha de consulta

COLABORA

Datos divertidos de los animales Con un compañero o un grupo, haz una lluvia de ideas de los animales de los que te gustaría aprender más. Elijan un animal e investiguen cinco datos divertidos y curiosos de él.

- Hagan un afiche digital con los cinco datos que encontraron.
- Incluyan fotos y un video del animal.
- Hagan una bibliografía de las fuentes que utilizaron.
- Presenten el afiche y la bibliografía a la clase.

Releer | TEXTO PRINCIPAL

Poesía

¿Qué recursos del lenguaje figurado emplea el poeta para ayudarte a visualizar el ambiente del poema?

COLABORA

Coméntalo Vuelve a leer "El ave marina" en la página 135 de la **Antología de Literatura.** Comenta con un compañero las imágenes que se evocan en este poema.

Cita evidencias ¿Cómo construye el poeta las imágenes del vuelo del ave? Escribe evidencias del poema en el organizador gráfico.

Versos	Imagen

Escribe El poeta me ayuda a visualizar el vuelo porque ____________

____

____

____

Antología de literatura, páginas 134–136

Hacer inferencias

Identifica las metáforas de la primera estrofa. Luego, identifica las imágenes de la segunda estrofa. Utiliza esta información para inferir qué piensa el poeta de la gaviota.

¿Qué palabras y frases eligen los poetas para crear diferentes tonos?

COLABORA

Coméntalo Vuelve a leer con un compañero "El canto de la cigarra" y "Barrilete". Comenten cómo los hace sentir cada poema.

Cita evidencias ¿Qué palabras ayudan a establecer el tono de los poemas? Escribe y explica las evidencias del texto en el organizador gráfico.

Poema	Evidencias del texto	¿Por qué son efectivas?
"El canto de la cigarra"		
"Barrilete"		

Escribe Cada poeta utiliza palabras y frases para que yo pueda ______

______

______

______

______

Acuérdate

El tono es el sentimiento que crea el poeta. Al leer un poema, pregúntate: ¿qué me hace sentir? Luego, busca las palabras que te hacen sentir de esa manera. Por ejemplo, las palabras positivas pueden crear un tono feliz. Las palabras negativas pueden crear un tono de tristeza. También se puede crear un tono pensativo, serio o esperanzador por medio de las palabras.

Responder a la lectura

COLABORA

Responde por escrito a la siguiente pregunta. Piensa en cómo construyen imágenes los poetas. Consulta tus notas y el organizador gráfico.

¿Por qué emplean los poetas algunos recursos relacionados con el uso del lenguaje para crear imágenes nuevas de los sucesos ordinarios?

____

____

____

____

____

____

____

____

____

____

____

____

____

____

Acuérdate

Completa estas oraciones para comentar los poemas y organizar tus evidencias:

- *Los poetas emplean recursos como...*
- *En "Barrilete", el poeta describe...*
- *En "El canto de la cigarra", el poeta emplea... para...*

Mis lecturas

Elige un texto y anota en tu cuaderno de escritura el título, el autor y el género del libro. Asegúrate de incluir en tu cuaderno de escritura tu respuesta personal al texto.

Releer | LECTURA COMPLEMENTARIA

Antología de literatura, páginas 138–139

"Receta para dormir"

¿Qué palabras y frases emplea el poeta para personificar el sueño?

COLABORA

Coméntalo Vuelve a leer el poema "Receta para dormir" en la página 139 de la **Antología de literatura.** Comenta con un compañero cómo describe el poeta el sueño.

Cita evidencias ¿A partir de qué palabras y frases puedes imaginar que el sueño es una persona? Escríbelas en el organizador gráfico.

Evidencias en el texto	Lo que visualizo

Escribe El poeta me ayuda a imaginar que el sueño es como una persona porque ______________________________

____

____

____

Acuérdate

Los poetas emplean personificaciones cuando atribuyen características humanas a un animal u objeto inanimado. Las personificaciones ayudan al lector a visualizar lo que el poeta describe y hace artístico el poema.

Releer **LECTURA COMPLEMENTARIA**

Antología de literatura, páginas 138–139

Mi caballo cerrero

¿Cómo establecen los poetas un tono en su poema por medio de determinadas palabras y frases?

COLABORA

Coméntalo Vuelve a leer los poemas de las páginas 138 y 139 de la **Antología de literatura.** Comenta con un compañero cómo te hace sentir cada poema.

Cita evidencias ¿Con qué palabras y frases establece el poeta el tono de cada poema? Describe el tono y muestra evidencias.

Evidencias del texto	Tono

Escribe Los poetas establecen el tono al ____________________

____

____

____

Acuérdate

Recuerda que el tono es el sentimiento que el lector experimenta cuando lee un poema o relato. ¿Cómo te sientes al leer estos poemas? ¿Feliz, entusiasmado, triste, sereno o asustado? ¿Qué palabras te hacen sentir esos sentimientos? ¿Por qué te hacen sentir de esta manera?

Imaginería y asonancia

La **imaginería** es el uso de lenguaje específico para crear imágenes y sonidos en la mente del lector. Los poetas emplean la imaginería por medio de símiles, metáforas, y palabras y frases sensoriales. Los poetas emplean la **asonancia,** o la repetición de sonidos vocálicos de una palabra en otra, para producir efectos sonoros. Las palabras asonantes pueden rimar, como *bufón* y *fisgón*.

BUSCAR EVIDENCIAS

En "Receta para dormir" en la página 139 de la **Antología de literatura,** hay una asonancia entre las palabras "venga" y "recomienda". Las vocales de estas palabras suenan igual y riman. Al emplear la asonancia, el poeta establece una conexión entre las ideas y crea un tono de tranquilidad.

COLABORA

Tu turno Vuelve a leer "Receta para dormir".

- ¿Qué otros ejemplos de asonancia hay en el poema? ______________________

____

____

- ¿Cómo emplea el autor la imaginería para indicar el tema del poema? ______________________

____

____

De lectores a escritores

Los poetas pueden emplear la asonancia para crear el tono o el ritmo del poema mediante la repetición de vocales abiertas o cerradas. Por ejemplo, utilizar palabras con muchas vocales abiertas (a, e, o), como "agua", "cama", "manzana" y "mejorana", crea un tono de tranquilidad, felicidad y reposo. ¿Cómo puedes empelar la asonancia en tus poemas?

Integrar | HACER CONEXIONES

Conexiones del texto

¿En qué características del cocodrilo se inspira Lewis Carroll? ¿Cuál es la relación entre el poema de Carroll y los poemas de animales que leíste esta semana?

COLABORA

Coméntalo Lee "Cómo es que el cocodrilo". Comenta con un compañero cómo describe Lewis Carroll al cocodrilo.

Cita evidencias **Encierra en un círculo** las palabras y frases que emplea el poeta para ayudarte a visualizar el cocodrilo.

Escribe A partir de los poemas que leí esta semana y "Cómo es que el cocodrilo" puedo comprender que ______________________________

____

____

____

____

____

____

____

____

Acuérdate

Los poetas se inspiran en el comportamiento, los sonidos, los olores y en otros detalles de los animales. Los lectores pueden saber más de la inspiración de un poeta al analizar las palabras que eligió. Por ejemplo, pueden saber si el poeta tuvo una experiencia agradable o desagradable con un animal.

Cómo es que el cocodrilo

¡Cómo es que este cocodrilo
sube su cola brillante,
reflejando agua del Nilo
en cada escama flamante!

¡Qué graciosa es su sonrisa,
y sus garras tan hermosas!
Dentro van los pececitos
a la sonrisa engañosa.

—Lewis Carroll

Expresividad y fraseo

Piensa en lo que transmite un poema cuando lo lees en voz alta. Al leer un poema de manera **expresiva** o con sentimiento, haces que sea más interesante y que las ideas sean más claras. El **fraseo** y las pausas se indican por medio de comas, guiones y otros signos de puntuación.

Acuérdate

Pronunciar cada sílaba lentamente y con claridad te ayudará a leer de manera expresiva y con una buena entonación.

Página 139

pídele al mundo que haga silencio,
dile que el sueño quiere dormir.
Shhhh...

Las comas en este poema marcan las pausas en la lectura. Los puntos suspensivos marcan una pausa más larga.

COLABORA

Tu turno Túrnate con un compañero para leer en voz alta el poema "Mi caballo cerrero" en la página 138. Presta atención a la puntuación. Visualiza lo que ocurre en el poema. ¿Cómo quiere el poeta que se sienta el lector? Expresa tus sentimientos al leer el poema.

Luego, piensa en cómo lo hiciste. Completa las oraciones.

Me acordé de ______________________________

____

____

Lo que haré la próxima vez será ______________________________

____

____

Texto modelo

Antología de literatura, páginas 134–136

Características del poema lírico

Un poema lírico es un poema rítmico corto en el que, en lugar de contar un relato, se expresa un sentimiento. En los poemas líricos:

- se expresan los pensamientos y sentimientos del poeta;
- con frecuencia la rima y métrica son constantes;
- los versos están divididos en estrofas;

gramatiNOTAS

En la página 134, el poeta Alexis Romay emplea palabras como "soneto", "violín" y "tonada" para describir el canto de la cigarra. Con estas palabras, el poeta compara el canto de la cigarra con un instrumento musical.

Analiza el texto modelo Estudiar la poesía lírica te permitirá aprender a escribir un poema lírico. **Vuelve a leer** "El canto de la cigarra" en la página 134 de la **Antología de literatura.** Responde las preguntas.

Vuelve a leer las dos primeras estrofas. ¿Qué piensa el poeta de la cigarra? ______________________________

____

____

¿Por qué emplea el poeta la rima y métrica al momento de establecer el tono del poema? ______________________________

____

____

____

____

Planificar: Elige un tema

COLABORA

Lluvia de ideas Con un compañero, haz una lista de animales, insectos o plantas que te gusten. Incluye uno o dos detalles descriptivos de cada uno. Completa estas oraciones para hacer tu lista:

Mi animal favorito es ______________________________

Esta planta tiene ______________________________

Creo que este insecto es ______________________________

Instrucción de escritura Escribe un poema lírico de un animal, un insecto o una planta que te guste.

Escribiré mi poema de ______________________________

Propósito y público El **propósito del autor** es su razón principal para escribir. Mira los tres propósitos de escritura que se muestran abajo. Subraya tu propósito al escribir el poema lírico.

para informar o enseñar	para persuadir o convencer	para entretener

Piensa en la **público** de tu poema. ¿Quién lo leerá?

Mi público será ______________________________

Planifica En tu cuaderno de escritura, haz una red de palabras para planificar tu poema. Completa la red de palabras con tus pensamientos y sentimientos.

Acuérdate

Mientras te preparas para escribir, cierra los ojos e imagina que eres el animal, el insecto o la planta que elegiste. Ahora utiliza tus sentidos: ¿Cómo se ven, sienten, huelen o saben las cosas? Haz una lista de esos detalles sensoriales.

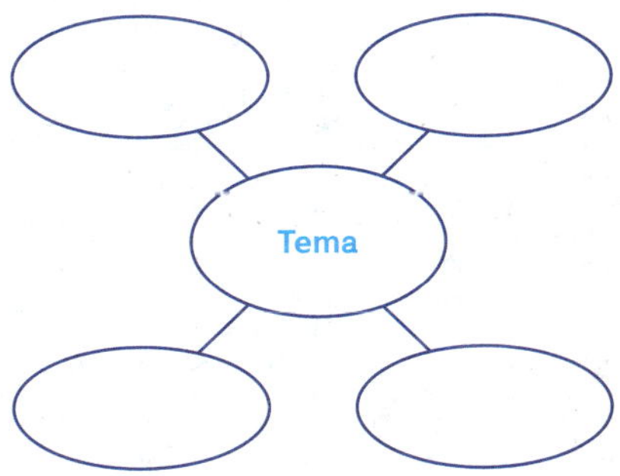

Planificar: La estrofa

Organiza tu poema En los relatos, las oraciones se escriben en párrafos que se conectan por una secuencia narrativa. En un poema, debes organizar los versos en estrofas: dos o más versos que forman una unidad. Los poetas suelen separar las ideas en estrofas. Lee el poema lírico.

Se dice que nada en el cielo
se dice que vuela en la mar.
De vivir lejos del suelo es más
que nadie capaz.
Su cuerpo es una flecha
de alta velocidad.
Desde lo alto al pez acecha
esta pescadora voraz.

1. ¿Qué pensamientos expresa el poeta en la primera estrofa? ________

____

2. ¿Cómo se sustenta en la segunda estrofa la idea de la primera estrofa?

____

Organización Comienza a planificar tus estrofas en tu cuaderno de escritura. Elige detalles de tu red de palabras y organízalos en grupos. Estos grupos serán la base de cada estrofa.

Hacer un borrador

Rima Los poetas líricos emplean la rima para que su lenguaje se escuche más musical y para que los poemas tengan ritmo. En este ejemplo de "El ave y el nido", el poeta emplea palabras que riman, como *avecilla, sencilla, mí y aquí,* para que su poema sea como una canción.

> ¿Por qué te asustas, ave sencilla?
> ¿Por qué tus ojos fijas en mí?
> Yo no pretendo, pobre avecilla,
> llevar tu nido lejos de aquí.

Utiliza la estrofa de arriba como modelo para escribir una estrofa de tu poema. Recuerda emplear palabras que rimen para que tu poema suene como una canción.

Haz un borrador Usa tu red de palabras, los grupos de detalles y la estrofa que escribiste arriba para escribir el borrador de tu poema. Escribe el mismo número de sílabas en cada verso para que el poema tenga una métrica consistente.

tecnoNOTAS

Si tienes problemas para encontrar una palabra que rime con otra, consulta un diccionario de rimas en línea.

Revisar

Asonancia Los poetas líricos utilizan las palabras de manera creativa y musical. La asonancia es una herramienta que eligen los autores para despertar tu sentido del oído. La asonancia es el uso del mismo sonido vocálico de una palabra en otras. Lee en voz alta la siguiente oración para que escuches un ejemplo de asonancia:

Ana ama las matas naranjas.

¿Qué vocal se repite diez veces en esta oración?

____

Vuelve a leer estas líneas de "Mediodía". Luego, subraya las palabras que tienen el sonido de la *a*.

Mi gallo ama el bosque umbrío
de la verde cordillera
y la caricia casera
de la hamaca en el bohío.

¿Cómo hacen más interesante el poema las asonancias? __________

____

____

Revisión Revisa tu borrador y añade asonancias para que tu poema sea más musical.

gramatiNOTAS

Recuerda que las palabras asonantes no siempre riman. Emplea las rimas cuidadosamente y solo cuando tienen un significado en el poema. A veces, ¡menos es más!

Neustockimages/iStock/Getty Images

Charlas entre compañeros

COLABORA

Revisión del borrador Escucha con atención mientras tu compañero lee su poema en voz alta. Comenta lo que te gustó. Haz preguntas que ayuden a tu compañero a reflexionar sobre lo que escribió. Haz sugerencias para mejorar el poema. Completa estas oraciones:

Me gustó la forma como describiste los sentimientos porque...
Creo que esta estrofa podría terminar aquí porque...
Podrías agregar palabras asonantes en...

Sugerencias de compañeros Cuando tu compañero haya comentado tu borrador, escribe una de las sugerencias que aplicarás. Consulta la tabla de pautas de evaluación en la página 183.

____

____

____

Luego de la charla entre compañeros, reflexionen. ¿Resultó útil el intercambio? ¿Qué podrían hacer de otro modo la próxima vez?

Revisión Al revisar tu borrador, consulta las sugerencias de Comprobar la revisión para determinar qué partes del texto debes mejorar. Consulta las pautas de calificación en la página 183.

Comprobar la presentación

- ☐ ¿Transmite el poema mis ideas y sentimientos?
- ☐ ¿Dividí mi poema en estrofas?
- ☐ ¿Utilicé asonancias?
- ☐ ¿Utilicé palabras que riman?

Corregir

Al corregir tu poema, tienes que buscar errores de ortografía, puntuación, uso de mayúsculas y otros aspectos gramaticales. Si lees un borrador varias veces, estarás seguro de no pasar por alto ningún error. Fíjate en las sugerencias de Comprobar la corrección.

Comprobar la corrección

- ☐ ¿Hay concordancia de número y género entre los sustantivos y los pronombres?
- ☐ ¿Hay un espacio entre las estrofas?
- ☐ ¿Hay concordancia de número entre el sujeto y el verbo?
- ☐ ¿Se utilizan correctamente los pronombres?
- ☐ ¿Están todas las palabras escritas correctamente?

Escribe dos errores que hayas encontrado al corregir tu poema.

1. ______________________________

____

2. ______________________________

____

Enlace gramatical

Al revisar tu poema, asegúrate de que no haya errores frecuentes de ortografía. Un error frecuente es confundir las palabras homófonas. Por ejemplo, se escribe "hay" cuando quieres emplear el verbo haber, "ahí" cuando quieres decir "en ese lugar", y "ay" para expresar una emoción. Mira el siguiente ejemplo:

Ahí, debajo del árbol más alto, hay un rosal. Un día me piqué con una espina y grité: "¡Ay, que dolor!".

Publicar, presentar y evaluar

Publicación Al **publicar** tu texto, muestra una copia limpia, clara y sin errores. Mientras haces tu borrador final, asegúrate de escribirlo en cursiva de forma legible. Comprueba que agarras el lápiz correctamente entre el dedo índice y el pulgar.

Presentación Cuando estés listo para **presentar** tu poema, ensaya tu presentación. Como guía, lee las pautas de Comprobar la presentación.

Evaluación Después de publicar tu texto, lee las pautas de evaluación que se muestran abajo para **evaluar** tu texto.

¿Qué aspectos son satisfactorios? ______________________________

¿Qué partes requieren más trabajo? ______________________________

____

Comprobar la presentación

- ☐ Párate erguido.
- ☐ Mira al público.
- ☐ Habla lentamente y con claridad.
- ☐ Habla a un volumen lo suficientemente alto como para que todos te escuchen.
- ☐ Asegúrate de que tu tono de voz corresponda a las emociones que te gustaría transmitir con el poema.

4	3	2	1
• Los sentimientos y las ideas se expresan de forma original. • El poema está completo y se divide en versos y estrofas. • Los errores gramaticales no son frecuentes.	• Los sentimientos e ideas se expresan claramente. • La mayor parte del poema está completo y se divide en versos y estrofas. • Hay algunos errores gramaticales y de ortografía.	• Algunos sentimientos e ideas se expresan en el poema. • Algunos versos están divididos en estrofas. • Los errores gramaticales y de ortografía son frecuentes.	• El poema expresa un solo sentimiento o idea. • Los versos no están divididos en estrofas. • Los errores gramaticales y de ortografía son muy frecuentes.

LO QUE APRENDISTE

Repaso en espiral

En la Unidad 2 has estudiado destrezas y estrategias que te permitirán convertirte en un lector más crítico. Ahora es momento de poner en práctica lo que aprendiste.

- **Antónimos**
- **Elementos de una obra**
- **Hipérbole**
- **Hacer inferencias**
- **Idea principal y detalles**
- **Prefijos**
- **Fotos y leyendas**
- **Tema**

Conectar con el contenido

- **Investigar sobre un hábitat en peligro**
- **Escribir una tira cómica**
- **Leer en línea**

Lee la selección y elige la respuesta correcta a cada pregunta.

El armadillo de nueve bandas

1 El armadillo es el animal oficial del estado de Texas. Armadillo significa "pequeño blindado". Es el único mamífero viviente que tiene esta protección, es pariente de los osos hormigueros y los perezosos. A pesar de su nombre, el armadillo de nueve bandas puede tener de siete a once bandas. Duerme todo el día y le gusta estar solo.

Ciclo de vida

2 Una mamá armadillo lleva sus bebés dentro de su cuerpo durante casi cuatro meses. Luego, pare sus crías en una madriguera. Generalmente, nacen cuatro crías. Cuando tienen un año, las crías ya han crecido por completo. En promedio, un armadillo mide 2.5 pies de largo y pesa 12 libras. En su hábitat natural, vive entre 7 y 20 años.

Hábitat

3 El armadillo vive en climas cálidos, como las selvas tropicales, los pastizales y las regiones semidesérticas. De las veinte especies de armadillos, todas excepto una viven en América Latina. La variedad de las nueve bandas es la única que se encuentra en Estados Unidos.

Dieta

4 El armadillo es omnívoro, esto significa que su dieta se basa en carne y vegetales. Su visión es mala, así que depende de su agudo sentido del olfato. Con su puntiagudo hocico, ¡el armadillo puede encontrar casi 500 alimentos diferentes! Sin embargo, la mayoría de su dieta consiste en insectos. El armadillo come algunas frutas, semillas, hongos y, algunas veces, animales muertos. La mayoría de los armadillos busca alimento en el amanecer y en la tarde, cuando los enemigos están durmiendo.

Defensa y caparazón

5 Imagina un conejo con caparazón, así es el pequeño mamífero estatal de Texas. Los escudos óseos del armadillo están hechos de placas que se sobreponen. La parte débil del armadillo es su vientre blando. Entre sus enemigos están los perros, los cocodrilos y los humanos. Cuando está asustado, a veces se esconde enrollado en su caparazón. ¡El armadillo de nueve bandas salta de tres a cuatro pies cuando se sorprende!

Hábitos

6 Este animal puede ser llamado <u>antisocial</u> porque le gusta estar solo. De hecho, el armadillo pasa la mayor parte de su tiempo durmiendo. Se agrupa para buscar pareja y mantenerse caliente. A pesar de su caparazón, no le tiene miedo al agua. Al inflar su estómago, el armadillo puede flotar. Se sabe que algunos armadillos han contenido la respiración por seis minutos o más.

Las bandas unidas del caparazón del armadillo le permiten doblarse.

El día del armadillo, 2 de febrero

¿Qué hacen los texanos el día de la marmota si en su estado no hay marmotas? ¡Tienen el día del armadillo, claro! Desde el 2012, la Lone Star Weatherological Society hace una reunión cerca de Austin. Todos los años, la gente se reúne para el famoso pronóstico. A las 12:30 p. m., sacan a Bee Cave Bob de su madriguera. Si se queda quieto, la primavera se acerca. Si se devuelve, seguirá el invierno.

¿Primavera anticipada? ¿Seis semanas más de invierno? ¡Solo Bee Cave Bob, el armadillo, lo sabe!

LO QUE APRENDISTE

1. ¿Qué oración expresa la idea principal del párrafo 4?

   A La visión mala dificulta que el armadillo vea su comida.

   B El armadillo solo come insectos.

   C La mañana y la tarde son los mejores momentos para que el armadillo busque comida.

   D Los armadillos son omnívoros.

2. El prefijo *anti-* significa "contrario" u "opuesto".

   Esta información le ayuda al lector a saber que la palabra antisocial en el párrafo 6 significa

   F querer estar rodeado de otros.

   G no querer estar rodeado de otros.

   H abandonar a otros.

   J seguir a otros a donde vayan.

3. En la sección de "El día del armadillo", la foto y la leyenda ayudan a los lectores a entender que

   A el armadillo es parte de la cultura actual de Texas.

   B los armadillos son como el invierno.

   C el hombre encontró un armadillo, cerca de Bee Cave, Texas.

   D Bee Cave es hogar de muchas poblaciones de armadillos.

4. Los lectores pueden inferir que el autor cree que el armadillo

   F va a reemplazar las poblaciones de osos hormigueros y perezosos.

   G es una amenaza para las personas que viven en el sur de Estados Unidos.

   H es un animal interesante.

   J es un animal perezoso porque duerme la mayor parte del día.

Acuérdate

Vuelve a leer la leyenda de la página 185. ¿Qué respuesta a la pregunta 3 sustenta mejor la leyenda?

DRAMA

Lee la selección y elige la respuesta correcta a cada pregunta.

Una hora en otro horario

Personajes: Pablo, Rafael, Gregorio, Paulina, Valeria, mamá de Paulina

1 *(El reloj da cuatro campanadas. Paulina abre la puerta de su casa. Están Pablo, Valeria y Rafael; la mamá de Paulina los acompaña. Todos se ven muy alegres).*

2 **PAULINA.** ¡Qué <u>puntuales</u> han sido! Pasen. Bienvenidos. *(Asoma la cabeza fuera de la puerta, como buscando algo).* ¿Gregorio no viene?

3 **PABLO.** Me dijo que llegaría aquí a las cuatro *(Guarda silencio un momento. Se asombra como si hubiera recordado algo).* ¡Me dijo que pondría la alarma de su nuevo reloj a las tres y cuarenta!

4 **RAFAEL.** ¿Tiene un nuevo reloj?

5 **PABLO.** Sí. Se lo regaló su papá. Es rojo y tiene infinitas funciones.

LO QUE APRENDISTE

6 **PAULINA.** Pero si tiene un nuevo reloj y programó la alarma para llegar a tiempo, ¿por qué se demora?

7 *(La mamá de Paulina trae una bandeja con jugos y emparedados. Los pone sobre la mesa. Suena una campanada)*.

8 **RAFAEL.** ¡El timbre! Es Gregorio.

9 *(La mamá de Paulina abre la puerta. Gregorio entra).*

10 **VALERIA.** *(intrigada)*. ¿Por qué llegas tarde?

11 **PABLO.** *(graciosamente)*. Llevamos tanto tiempo esperándote que nos saldrán raíces.

12 *(Todos guardan silencio a la espera de la respuesta de Gregorio)*.

13 **GREGORIO.** *(avergonzado)*. ¡Fue mi reloj! Programé la alarma del reloj para que sonara a las tres y cuarenta. Pero nunca sonó.

14 **PABLO.** ¿Se averió tu reloj nuevo?

15 **GREGORIO.** No *(se calla)*. No me di cuenta de que el reloj indica las 24 horas del día, y yo lo puse a las tres y cuarenta.

16 **PAULINA.** *(con una carcajada)*. Programaste la alarma para las tres y cuarenta de la mañana.

17 **PABLO.** Tendrías que haberla puesto para que sonara a las quince horas y cuarenta minutos, así habrías podido llegar a las dieciséis horas, o sea, a las cuatro.

18 **PAULINA.** Lo importante es que ya llegaste, que no te has perdido los juegos y que aprendiste que hay que ver el sistema del reloj. ¡Vamos a jugar!

1. ¿Cuál es el propósito de las acotaciones?
   - **A** explicar lo que hacen los personajes en cada escena
   - **B** enumerar los nombres de los personajes
   - **C** especificar lo que los personajes dicen
   - **D** decir cuánto diálogo habrá

2. De las siguientes palabras, ¿cuál es un antónimo de *puntuales* en el párrafo 2?
   - **F** rápidos
   - **G** impuntuales
   - **H** constantes
   - **J** distraídos

3. De las siguientes opciones, ¿cuál es una hipérbole?
   - **A** "¿Qué te ha pasado? ¿Por qué llegas hasta ahora?"
   - **B** "¡Fue mi reloj!"
   - **C** "Llevamos tanto tiempo esperándote que nos saldrán raíces"
   - **D** "¡¿Quééééééééééééé?!"

4. ¿Cuál es el tema de esta escena?
   - **F** Los relojes se pueden dañar cuando se les programa la alarma.
   - **G** Los amigos de Gregorio no lo invitaron a la merienda.
   - **H** Gregorio programó a otra hora la alarma de su reloj.
   - **J** Los relojes pueden tener diferentes sistemas de horario.

De lectores a escritores

Las obras se escriben para ser representadas y en ellas se incluye más que diálogo. Puedes conocer más de los personajes gracias a la estructura de las obras. Puedes imaginar los personajes por medio de la descripción del elenco que se muestra al principio de la obra. El texto suele dividirse en actos y escenas que indican cuándo y dónde ocurren los sucesos.

Acuérdate

Algunas obras de teatro tienen un mensaje. Para saber cuál es, fíjate en lo que dicen y hacen los personajes.

AMPLÍA LO QUE APRENDISTE

PREFIJOS Y SUFIJOS

Los **prefijos** se añaden al comienzo de las palabras y cambian su significado. Los **sufijos** se añaden al final de las palabras y también cambian su significado. Además, los sufijos pueden cambiar la ortografía o la categoría gramatical de las palabras. Estos son algunos prefijos y sufijos comunes.

Prefijos

sub- significa "debajo de"
suelo, subsuelo

sobre- significa "exceso"
carga, sobrecarga

Sufijos

-able forma adjetivos
amigo, amigable

-ancia forma sustantivos
ganar, ganancia

- Añade un prefijo o un sufijo a las palabras de abajo. Escribe la nueva palabra y su definición.
- Comprueba el significado de las nuevas palabras con un diccionario impreso o en línea.

Palabra	Nueva palabra	Definición
marino		
alimentar		
agrado		
dividir		
importar		
sensibilidad		
peso		
depender		

LENGUAJE FIGURADO

COLABORA

Se llama **lenguaje figurado** a las frases que los escritores emplean para crear imágenes en la mente del lector. Algunos ejemplos son:

- Los **símiles** comparan dos cosas diferentes, utilizando la palabra como.
  Ejemplo: *Su sonrisa era tan brillante como el sol.*
  Significado: Su sonrisa era cálida y amigable.
- Las **metáforas** comparan dos cosas, sin utilizar la palabra como.
  Ejemplo: *Su sonrisa era el sol.*
  Significado: Su sonrisa era muy brillante y cálida.
- La **personificación** da cualidades humanas a los animales u objetos.
  Ejemplo: *El sol le sonrió a la tierra.*
  Significado: El sol brillaba sobre la tierra.

Con un compañero, identifica el lenguaje figurado en las siguientes oraciones. Escriban su significado. Luego, escriban su propia oración, empleando el lenguaje figurado.

Tres zorrillos estaban cotorreando en el jardín.

Lenguaje figurado: ______________________

Significado: ______________________

Tu oración: ______________________

Bill McMullen/Moment/Getty Images

El narciso era tan amarillo como una naranja.

Lenguaje figurado: ______________________

Significado: ______________________

Tu oración: ______________________

AMPLÍA LO QUE APRENDISTE

CREA UN *PODCAST*

ESTUDIOS SOCIALES

COLABORA

Un *podcast* es un archivo de audio digital que se puede compartir con otros. Muchos *podcasts* son educativos y enseñan a los oyentes acerca de un tema que les interesa.

- Investiga un animal en tu estado cuyo hábitat está en peligro. Utiliza materiales impresos y digitales para tu investigación.
- Crea un *podcast* en el que expliques por qué el hábitat está en peligro y qué puede hacer la gente para ayudar a protegerlo.

Escribe abajo lo que aprendiste.

Elegí este hábitat en peligro porque ______________________________

Una forma de ayudar a este hábitat en peligro es ____________________

Acuérdate

En un medio digital puedes escribir del animal que te interesa. Fotografías, ilustraciones, audio y texto explicativo convierten un proyecto de investigación en una presentación multimodal. Si tu clase tiene un blog o una página web, podrías mostrar allí tu tira cómica y tu *podcast*.

ESCRIBE UNA TIRA CÓMICA

CIENCIAS

COLABORA

Una tira cómica es un conjunto de ilustraciones o dibujos que se ubican en cierto orden para contar un relato. Las tiras cómicas se pueden encontrar en libros y periódicos.

- Busca información acerca de dos animales que te interesan.
- Dibuja una tira cómica de los animales. Utiliza globos de diálogo para escribir el diálogo de los animales en tu tira cómica.

Mi parte favorita de escribir una tira cómica es ______________________

____

TIBURONES EN PELIGRO

CIENCIAS

COLABORA

Entra en **my.mheducation.com** y vuelve a leer el artículo "Tiburones en peligro". Presta atención a la información de los elementos interactivos. Responde las preguntas abajo.

- ¿Por qué es difícil que la población de tiburones sobreviva a la sobrepesca? Consulta la información del artículo.

  ____

  ____

- Escribe una función importante que los tiburones desempeñan en el ecosistema.

  ____

  ____

- Mira el diagrama del cuerpo de un tiburón. ¿Cómo les ayudan a sobrevivir las aletas a los tiburones?

  ____

  ____

- ¿Qué otras adaptaciones tienen los tiburones que les ayudan a sobrevivir?

  ____

  ____

Tiburones en peligro

Las poblaciones de tiburones en todo el mundo han disminuido. Se están adoptando medidas para salvar a este pez antes de que sea demasiado tarde.

Time for Kids: Tiburones en peligro

(b) tswinner/iStock/Getty Images; (t) Richard Carey/Alamy

EVALÚA TU PROGRESO

¿QUÉ APRENDÍ?

Lee las pautas de evaluación para que califiques tu dominio de las destrezas de esta unidad. Escribe la puntuación más abajo, en cada destreza.

4	3	2	1
Identifico correctamente todos los ejemplos de esta destreza.	Identifico la mayoría de los ejemplos de esta destreza.	Identifico algunos ejemplos de esta destreza.	Debo trabajar más en esta destreza.

☐ Idea principal y detalles ☐ Tema ☐ Punto de vista

☐ Prefijos ☐ Antónimos ☐ Símiles y metáforas

Algo en lo que debo trabajar más es en ______________________

porque ____

____

____

El texto y tú Piensa en los textos que has leído en esta unidad. Elige uno y escribe un párrafo breve en el que expliques una conexión personal que hayas establecido con el texto.

Hice una conexión personal con ____________ porque ____________

____

____

____

____

CIENCIAS

Presentar el trabajo

COLABORA

Planifica el modo en que presentarás a la clase tu afiche digital del animal que investigaste. Cuando practiques la presentación, señala los detalles del afiche. Incluye una bibliografía para comentar las fuentes que utilizaste. Aplica las estrategias que se dan a la derecha. Completa estas oraciones para practicar tu presentación:

Un dato curioso que aprendí de mi animal es que ______________________

____

____

Me gustaría saber más acerca de ______________________________

____

____

Acuérdate

Si incluyes un video, escribe el hipervínculo en el afiche. Asegúrate de que el hipervínculo todavía está disponible cuando presentes tu trabajo.

Comprobar la presentación

- ☐ Ensaya tu presentación frente a un amigo. Pídele sugerencias.
- ☐ Habla lentamente, con claridad y con un tono y una expresión adecuados.
- ☐ Destaca algunos puntos para que el público pueda seguir las ideas importantes.
- ☐ Haz contacto visual con el público.
- ☐ Acuérdate de presentar tu bibliografía.

Eric Gevaert/Getty Images